五人制足球与沙滩足球

WURENZHI ZUQIU YU SHATAN ZUQIU

任定猛　张旭　编著

北京体育大学出版社

出 版 人 李 飞
责任编辑 佟 晖
审稿编辑 董英双
责任校对 未 茗
版式设计 佟 晖 李 鹤

图书在版编目(CIP)数据

五人制足球与沙滩足球 / 任定猛等编著. -- 北京 : 北京体育大学出版社, 2017.7
ISBN 978-7-5644-2683-5

Ⅰ. ①五… Ⅱ. ①任… Ⅲ. ①足球运动—教材 Ⅳ. ①G843

中国版本图书馆CIP数据核字(2017)第181521号

五人制足球与沙滩足球　　任定猛　张旭　编著

出　　版　北京体育大学出版社
地　　址　北京市海淀区信息路48号
邮　　编　100084
邮 购 部　北京体育大学出版社读者服务部 010-62989432
发 行 部　010-62989320
网　　址　http://cbs.bsu.edu.cn
印　　刷　北京京华虎彩印刷有限公司
开　　本　787×1092毫米　1/16
印　　张　11.25
字　　数　270千字
成品尺寸　185毫米×260毫米

2018年1月第1版第1次印刷
定　价：40.00元

目录 CONTENTS

第三章　沙滩足球基本教学与方法

第四章　沙滩足球竞赛规则简介

第一章 五人制足球基本教学与方法

本篇教学提示

本篇主要阐述了五人制足球运动起源与发展；五人制足球技术教学与方法；五人制足球小组战术教学与方法；五人制足球全队战术教学与方法；五人制足球竞赛规则简介。

第一节　五人制足球运动起源与发展

五人制足球运动早在20个世纪20~30年代，在拉丁美洲的一些国家出现。最初作为一种街头足球活动形式，在世界各地广泛流行。它的出现并不是足球运动的发展的最初形态，而是人们根据气候条件、生活环境以及不受硬件设施条件的制约而演化、改变后的运动形式。室内五人制足球是对已有运动形式进行改造而产生的，它与十一人制足球是同一运动的不同表现形式。室内五人制足球与十一制足球训练竞赛过程的差异，是室内五人制足球运动教学与训练的实践基础。

一、世界五人制足球运动起源与发展

目前，国际上盛行的室内五人制足球（Futsal），源于西班牙语f ú tbolsala或f ú tboldesal ó n，意思是“房间足球”。它最早出现在1930年的乌拉圭首都蒙得维的亚，这种五人制足球运动的早期形式是在当地的基督教青年会里进行的一种足球比赛。这种比赛被设计成每队5人，既可以在室内进行也可以在室外进行。与此同时，在巴西的圣保罗一种在篮球场上踢的足球运动也慢慢发展起来，这些新的足球运动形式很快风靡了整个南美大陆。1936年首套适用于五人制足球的通用规则在巴西圣保罗公布。1956年首届五人制足球锦标赛在里约热内卢开幕，共有42个支队伍参加了比赛。1958年巴西体育联合会于制定了第一份正式的室内足球规则，之后将室内五人制足球设为官方体育运动，并且在巴西各州进行推广。1959年巴西举办了首届室内五人制足球全国锦标赛。1965年，由乌拉圭、巴拉圭、秘鲁、阿根廷和巴西5国组成的南美室内五人制足球联合会正式成立，并在同年举办了首届室内五人制足球国际竞赛——室内五人制足球美洲杯，巴拉圭队获得冠军。

20世纪70年代，随着许多从南美返回西班牙和葡萄牙移民，五人制足球横渡大西洋到了欧洲。使五人制足球的影响力迅速扩展，受欢迎程度也不断提高。1971年一个专门管理这项运动及其锦标赛的机构在巴西诞生，成员包括：阿根廷、玻利维亚、巴西、巴拉圭、秘鲁、葡萄牙和乌拉圭。这个机构就是现今为世人熟知的国际室内足球联合会（FIFUSA）。当时的欧洲盛行两种形式的室内足球。一种以西班牙为代表，具有场地小和不设置挡板的特点，比赛的形式和特点与南美室内足球相似，有人称为欧洲的南美派。

另一种形式的室内足球运动的起源于英国和联邦德国。这种室内足球主要是由职业队的一种训练方式演变成。由于冬季室外气温过低，许多职业球队不能正常的踢球训练，于是采

取在室内练习的方式，后来逐渐发展成为一种新的足球竞赛形式。他们有自己的特点和特殊规定，主要是为适应冬季训练的需要。后来欧洲式室内足球逐渐朝着七人制等小型足球比赛的方向发展。

从20世纪中期开始室内五人制足球从拉美蔓延到北美，到50年代美国在受到拉美室内五人制足球之风的影响下，于1956年首次举办了室内五人制足球比赛。到了70年代中期，美国已拥有室内5人制足球队5万多支，并经常举行各种级别的室内足球比赛。美国五人足球协会（USFF）创办于1981年，并于1983年1月注册成立。当时的室内五人制足球比赛被称为“迷你足球、五人足球和室内足球”。自1985年以来，美国每年举办室内五人足球全国锦标赛。

室内五人制足球是在1971年冬天被引入澳大利亚，它最早出现在悉尼的一个叫Revesby基督教青年会，之后从那里开始蔓延到其他基督教青年会。当时，由于下雨室外足球场地经常被关闭很长的时间，因此人们开始采用室内五人制足球的形式进行活动。1977年澳大利亚足球协会成立。1979年，他们加入到了国际室内足球联合会（FIFUSA），并开始按照正式的室内足球规则进行比赛。室内足球在澳大利亚的发展高峰期发生在20世纪80年代，在这期间电视台会对本国联赛和1988年在墨尔本举办的世界室内五人制足球锦标赛进行转播。在1989年国际足联接手了这项运动，并将该项运动命名为“FUTSAL”室内五人制足球后，澳大利亚室内足球协会也更名为澳大利亚室内五人足球协会。

从20世纪70年代后期开始，室内足球运动不但在欧美得到迅速发展，而且在亚洲的许多国家得到广泛传播，被竞相效仿。亚洲的一些国家（东南亚各国和日本）和地区（中国香港、澳门）等地，每年都要举行室内足球比赛。

室内五人制足球运动发展过程中的大事件如下。

1936年首套适用于五人制足球的通用规则在巴西圣保罗公布。

1949年首届五人制足球少儿锦标赛在巴西里约热内卢举办。

1954年首个五人制足球的官方组织——室内五人制足球城市联盟在里约热内卢成立。

1955年圣保罗建立五人制足球联盟。

1956年首届五人制足球锦标赛在里约热内卢开幕，共有42支队伍参加了比赛。

1958年巴西体育联合会决定把五人制足球设为官方体育运动，并且在巴西各州进行推广。

1959年首届巴西五人制足球全国锦标赛举行。

1965年首届五人制足球国际竞赛举行，巴拉圭队捧得首座美洲杯。

1971年国际室内足球联合会（FIFUSA，出自西班牙语和葡萄牙语）。国际室内足球联合会的首任主席是日后成为国际足联主席的乔·阿维兰热。

1965—1979年期间举行了六届室内五人制足球美洲杯比赛，均以巴西队的夺冠而告终。

1980年巴西队继续着它在五人制足球比赛上无人能敌的神话，取得了首届泛美洲杯的最终胜利。

1982年首届室内五人制足球世界锦标赛在国际室内足球联合会的支持下在巴西举办，巴西队获得冠军。

1983年美国五人制足球协会成立。

1985年在西班牙举办的第二届室内五人制足球世界锦标赛上，巴西队再次获得冠军。

1988年第三届室内五人制足球世界锦标赛在澳大利亚举行，巴拉圭最终夺冠。

1989年随着室内五人制足球的快速普及和迅猛发展，国际足联适时接管了相关的管理权，成为室内五人制足球的主管团体。国际室内足球联合会的绝大多数成员国都顺利转入国际足联，成为其成员，并同意引入新规则把小球的诸多种类融合成现在的公众所熟知的室内五人制足球（FUTSAL）。真正意义上的室内五人制足球运动由此诞生。

从1989年至今国际足联共举办了7届室内五人制足球世界杯（表1-1）。

表1-1 历届室内五人制足球世界杯成绩表

年份	举办地	冠军
1989	荷兰	巴西
1992	中国香港	巴西
1996	西班牙	巴西
2000	危地马拉	西班牙
2004	中国台北	西班牙
2008	巴西	巴西
2012	泰国	巴西

二、我国五人制足球运动发展

我国五人制足球起步较晚，20世纪80年代初才开始发展。1984年2月，足球报主办了第一届五人制足球邀请赛，共有6支当时甲级队伍应邀参加。我国最初的五人制足球赛规则是引进自香港地区，这个比赛规则采用的是英式规则。1987年中国足球协会在广东省体育场举办了室外五人制足球比赛，参赛队主要是一些当年全国足球甲级队。这是中国足协第一次举办五人制足球比赛。

1992年4月，上海队代表中国参加了在广东举行的第二届室内五人制足球锦标赛亚洲预选赛，并获得冠军。同年11月，上海队代表中国参加了在香港举办的第二届室内五人制足球锦标赛。1995年12月，中国足协举办了首届全国室内五人制足球锦标赛，参加队伍24支都是以甲A的各队板凳队员构成。1995年上海申花代表中国队参加了第三届室内五人制足球锦标赛亚洲预选赛，获得第一名。1996年，以徐根宝带队参加了在西班牙举办的第三届室内五人制足球锦标赛，最终获得第13名。1999年初，国际足联规定参加世界室内五人制足球赛必须是专业室内五人制队伍后，中国足协决定不再参加这项赛事。

在国际足联主管室内五人制足球竞赛后，该项目在中国的真正意义上的发展应该是在2003年。为了响应国际足联和亚洲足联要求各国家协会大力发展室内五人制足球运动的号召，中国足协从2003年开始在全国范围内普及、推广和发展室内五人制足球运动。2003年7月第一届中国室内五人制足球国家队产生，并代表中国参加了在伊朗举办的第五届亚洲室内五人制足球锦标赛，小组未出线。2003年9月的全国足球代表大会上，正式成立了全国室内五人制足球专项委员会。大连、北京、上海、武汉、成都和广州等6个城市，被列为开展该项目的先期试点城市。并于2003—2004年度举办了第一届全国室内五人制足球甲级队联赛。

室内五人制足球运动在我国开展过程中的大事件如下。

2005年国家体育总局将室内五人制足球列为我国正式开展的竞技体育项目。

2006年茵宝中国足球协会室内五人制足球甲级联赛在广州正式启动。

2007年国家体育总局将室内五人制足球列入四年一度的全国体育大会正式比赛项目。

2008年5月，中国室内五人制足球队夺亚洲锦标赛第四名，成功进军世界杯决赛阶段。

2009年—2012年中国足球协会在浙江省黄龙体育中心共主办了4届国际室内五人制足球邀请赛。

2010年5月，在合肥举办的第四届全国体育大会中室内五人制足球第一次被列为比赛项目，湖北队获得冠军。

2013年中国第一支女子室内五人制足球国家队在成都建立，备战亚洲室内运动会。

2003年至今中国足协共举办了9届全国室内五人制足球甲级联赛（表1-2）。

表1-2 中国室内五人制足球甲级联赛和足协杯成绩表

赛　季	甲级联赛	足协杯
	冠军	冠军
2003—2004	广州果王	广州果王
2005	湖大-武汉地龙	
2006	湖大-武汉地龙	湖大-武汉地龙
2007	湖大-武汉地龙	湖大-武汉地龙
2008—2009	湖大-武汉地龙	湖大-武汉地龙
2009—2010	湖大-武汉地龙	
2010—2011	湖大-武汉地龙	湖大-武汉地龙
2011—2012	深圳南岭铁狼	深圳南岭铁狼
2012—2013	深圳南岭铁狼	

第二节　五人制足球个人技术教学与方法

一、五人制足球技术概念

（一）五人制足球技术

安德烈耶夫提出“五人制足球技术，指为了达到比赛中的预定目的所使用的专业技巧的总和。”根据五人制足球技术特点分为球员技术和守门员技术。李敬提出“五人制足球技术基本技术与十一人制足球大同小异。五人制足球技术主要指带球、传球和控制球。要求运动员在比赛中最好将技术、战术、速度相结合，速度则指在运用技术时动作的速度和思考的速度，再将这二者运用到临场的战术中，从而获得射门得分的机会。”

传统足球技术指运动员在足球比赛中所需的合理动作的总称。从队员场上分工和技术特点上看，分为锋卫技术和守门员技术。

综合以上观点来看，五人制足球技术与传统足球技术属于同类概念。与其相关的技术定义、技术分类以及动作结构特征没有本质的区别。但是，从其在比赛中的运用特征来看，它们两者具有不同的表现形式。

对于五人制足球技术的理解，我们应从技术动作方法和技术能力两个方面考虑。这也是技能主导类同场竞技项目比赛技术情景的不可重复性、复杂性和训练技术与比赛技术非完全一致性决定的。因此，五人制足球技术指依据五人制足球竞赛规则和比赛特征，在训练中掌握的比赛所需的基本技术动作的总和。

（二）五人制足球技术动作

五人制足球技术是理想化了的动作模式，与传统足球技术动作有相同之处，它们更强调人与球之间的关系，要求动作的规范性、正确性，既要符合五人制足球竞赛规则的要求，又要适应攻守对抗的需要，也要符合人体运动科学的原理，是顺利进行训练活动和参加比赛的基本保障，从而表现出动作方法上的专门性和合理性。

（三）五人制足球技术能力

五人制足球技术能力是运动员在比赛攻守对抗情况下对熟练掌握的足球技术合理的、创造性运用的实践操作能力。它不仅是动作模式的重复，而且是队员有意识的运动行为和操作技巧，更多强调在实战中对球的控制、支配球的能力和应变能力。如在比赛的强对抗环境下，运动员能够根据即时的比赛情景，表现出来的及时、准确、高效的技术选择与运用的能力。五人制足球比赛是一个复杂的开放性系统，它包括了诸多的主客观影响条件，包括运动员、球、对手、裁判员和规则。因此，要提高五人制足球运动员的技术能力，必须在熟练、全面掌握技术动作基础上，重视足球意识培养、观察能力、快速判断能力和应变能力的提高。这也是他们智能、体能、技能、经验和创造能力等的综合体现，反映出他们运用专门动作的技巧性和实效性。

二、五人制足球技术分类

从五人制足球比赛的本质来看，是双方队员通过对球的控制（有目的的技术运用），以把球攻入对方球门而展开的攻守过程。技术的构成包含了两个基本要素，即人和“球”；把这两个基本要素作为分类依据：（1）人是技术运用的主体，在比赛中由于分工的不同表现出不同的技术特点。五人制足球比赛中队员位置主要趋向于守门员和场上比赛队员两个位置，其对应的技术为守门员技术（以手为主）和队员技术（以脚为主）；（2）比赛中双方队员的一切活动都是以“球”为核心，对球展开的控制与破坏（运控、抢断的有球技术）、支持和争夺（接应跑位、追盯防守的无球技术）就成了比赛中技术运用的基本特征，因此，五人制足球技术又可进一步以“球”为依据划分为有球技术和无球技术（图1-1）。

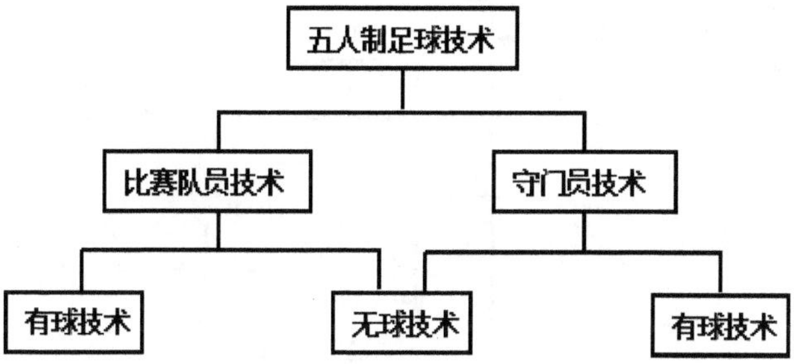

图1-1　五人制足球技术分类

五人制足球技术源于传统十一人制足球竞训实践活动过程。它与传统十一人制足球技术既有共性特征，同时又有个性特征。这种个性特征不是技术基本结构的改变、也不是新技术的创造，而是在技术运用过程中，由于客观限制条件的改变，使球员在比赛中对不同技术的组合与技术构成要素做出的适应性改进。如：五人制足球比赛在地板上进行，由于客观条件的改变，使比赛中的传球多为地滚球，传出的球稳定性增强、速度更快，因此使球员对传球的力量、脚触球部位的准确性要求比十一人制传球技术要求更高，传球技术运用特征的改变也直接导致五人制足球比赛中脚底踩停球技术的普遍使用；另外，由于五人制比赛对抗更加激烈，使得球员始终要在强对抗条件下完成各种技术，所以更加强调技术构成要素中的动作速度和动作节奏的变化；在防守技术运用方面，更加强调技术动作的稳、准、巧的技巧性要求。

三、五人制足球有球技术

有球技术作为技能主导类同场对抗性集体项目的核心技术，不仅是运动员个体竞技能力的体现，更是衡量一支队伍整体竞技水平和技战术特点的基本依据。五人制足球有球技术作为从事五人制足球专项运动的基础条件，它与传统十一人制足球技术构成基本相同，但是其具有不同的应用特征。这种差异性主要是五人制足球竞赛规则以及比赛客观环境变化带来的。依据五人制足球有球技术动作结构特征，将其分为踢球、停球、运球、争顶球、抢球、断球、封堵球和铲档球8项基本有球技术（图1-2）。这里不包括守门员技术。

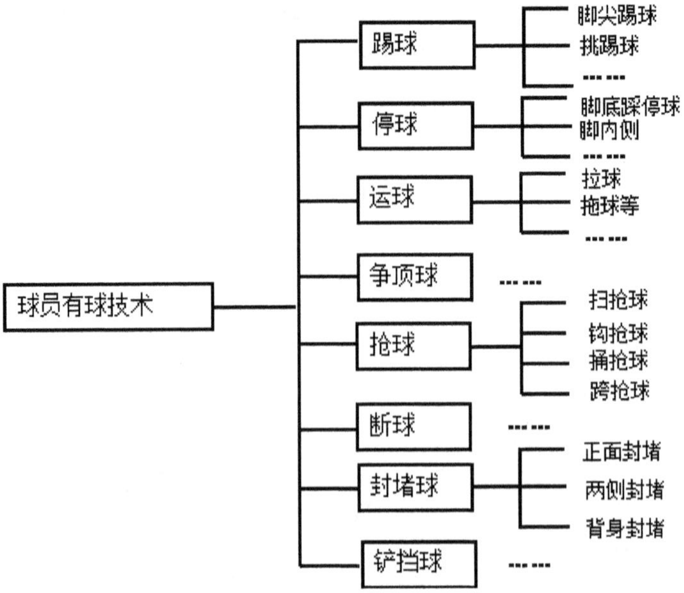

图1-2　球员有球技术分类

从图1-2可见，五人制足球有球技术的构成与传统足球没有本质的区别，但是在实际的比赛中有球技术的运用带有明显的个性特征。

●踢球技术

踢球技术主要运用传球和射门。五人制足球场地相当于传统足球场地面积的1/7左右的大小，使传球的距离和方式发生了明显变化。如传球明显以10米以内的短传球居多，传球方式以一停一传为主，传球部位以脚内侧为主，辅以挑传球、脚尖捅传、脚底踩传球。

●停球技术

比赛中接停球技术与十一人制技术基本相同，不过队员在五人制足球比赛中常采用脚内侧和脚底踩停球的方式。技术重点是踩停球同时把球向两侧或向前带动或向后拖动，在完成接停球动作的同时，也使身体姿势的调整和衔接跑动一步完成。这种停球技术动作幅度小、隐蔽性高、同时更容易衔接其他技术。因此，脚底踩停球是五人制足球比赛中最重要的接停球技术。

●运球技术

运球技术的主要应用特征是节奏和方向的变化频率增加，技术运用方式拉、拖、拨为主，运传是其主要的进攻方式，同时运球技术更加重视安全性。即在比赛中运动员能够熟练运用身体依靠对方，用远离防守队员一侧的脚底拖拉球移动，并且不断抬头观察场上情况，伺机进行转身摆脱过人或寻找传球机会。

●抢球技术

抢球技术是五人制足球比赛中最常用的一种防守技术，它主要依靠“扫、钩、跨”三种动作组合方式实施抢球防守。

“扫抢”技术是指抢球队员以立足腿为轴，将抢球腿侧向伸出、脚沿地面横向扫动的抢球动作。主要是针对持球队员运球靠近防守队员时突然向两侧变向拨球过人时的防守动作，扫抢技术防守面积大，多用于由边路向中路内切突破时的防守行为（图1–3）。

图1–3 个人扫抢球技术

“钩抢”主要是指在控球队员利用身体掩护控球时，防守队员把同侧脚伸入到控球队员跨下，运用前脚掌回扣的动作进行抢球。

“捅抢”是指防守队员在向控球队员施压的过程中，突然伸腿用脚尖捅球来达到破坏或抢得控球权。

“跨抢”主要是指控球队员运控球时或拿球转身时球离身体过远，被防守队员提前判断出意图、利用身体的切入抢下球的一种防守技术动作。

●封堵球

封堵球是五人制足球比赛中常用的防守技术，在比赛中具有重要的地位。它的运用方式主要有：（1）通过正面靠近进攻持球队员限制活动区域、封堵传运球路线，从而达到对球的施压；（2）针对控球队员两侧摆脱后的传、射进行封堵；（3）针对背身控球队员的转身封堵三种方式。

五人制足球比赛中的断球和争顶球技术与传统十一人制足球防守技术基本相同，不做重点分析。另外，五人制足球竞赛规则中不允许用铲球技术进行抢球，因此，铲球技术在五人制足球比赛中多用于封堵进攻球员的传球或射门路线。

四、五人制足球技术教学与方法

五人制足球的技术教学与训练应该遵循比赛实践的基本规律，依据比赛过程中的技术应用特征，设计训练方法、选择和安排技术训练的内容、形式和负荷。比赛实践需要的技术，应该是训练过程中的重点安排内容。因此，本节根据五人制足球比赛中技术应用的特征，把技术训练内容分为了进攻实战技术和防守实战技术训练两部分，其中进攻实战技术包括接控球、传球、运过、射门，防守技术包括抢球、断球和封堵球。

（一）传球练习

1. 渗透直传球

方法：黑方队员之间相互做各种横传球，无球队员②和③做相应的摆脱跑位接球。黑方可以选择给②和③任何一人传球（图1-4）。

要点：（1）控球队员尽量面对接应球员做传接球配合；（2）渗透球尽量一脚直接传球给接应球员；（3）球员也可以用挑传球技术向前传球。

2. 三人“8”字传跑

方法：控球队员②将球传给③后，向前做弧线跑，③接球后向中路运球，把球传给异侧向中路靠拢接应的①球员后，向前做弧线跑（图1-5）。①号用同样方式重复练习。

要点：（1）三名队员保持好彼此距离，不能过于集中中路；（2）不要在边路向中路传球，边路队员一定要运球回到中路后再传球；（3）注意接停球姿势。

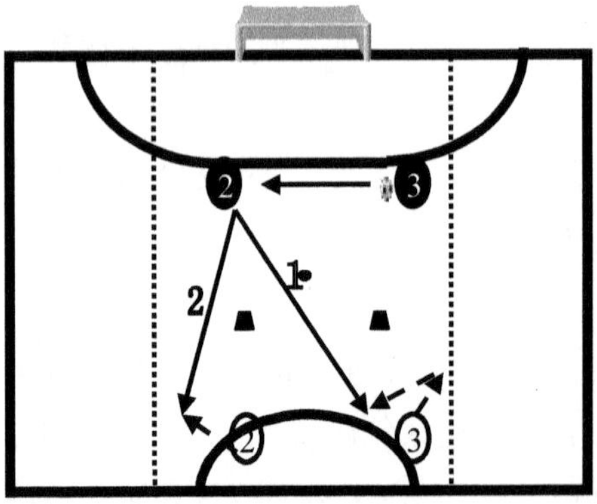

图1-4 渗透传球练习

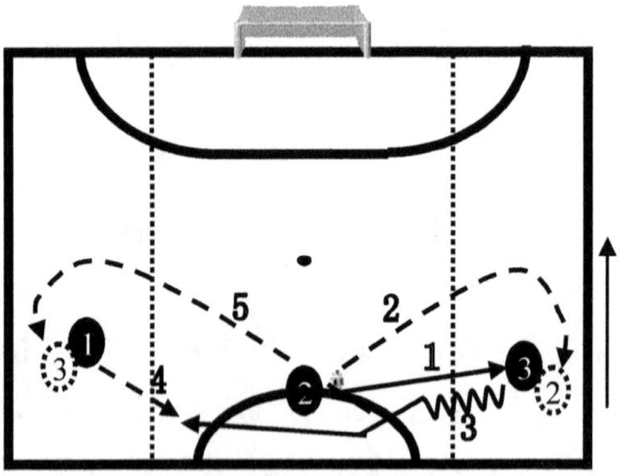

图1-5 三人“8”字传球

（二）接停球练习

1. 脚底接停球

方法：接球人②号做反向摆脱接球，进入空当接④同伴的传球，之后将球传回给同伴（图1-6）。

要点：（1）接球前反向摆脱跑；（2）尽量用脚底踩停球；（3）接球时侧身站位、重心放在支撑腿；（4）接–运动作衔接连贯。

2. 脚底接停球–转身

方法：队员5人一组、菱形站位，根据要求完成传–接–运球练习（图1–7）。

要点：（1）接球前侧身站位，做反向摆脱跑；（2）尽量用脚底踩停球；（3）接球同时，转身面向传球方向；（4）接–运动作衔接连贯。

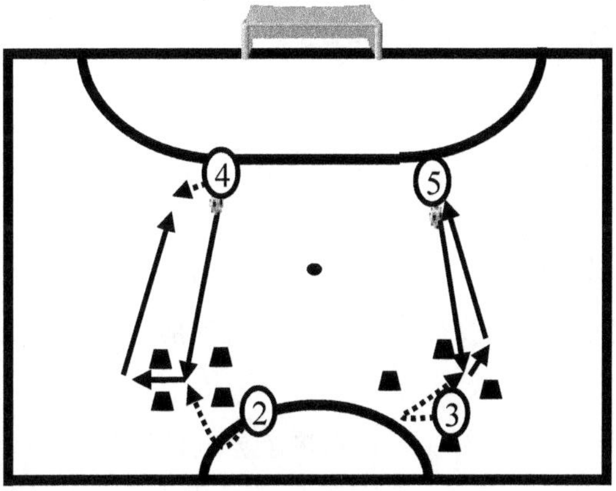

图1–6　脚底接停球

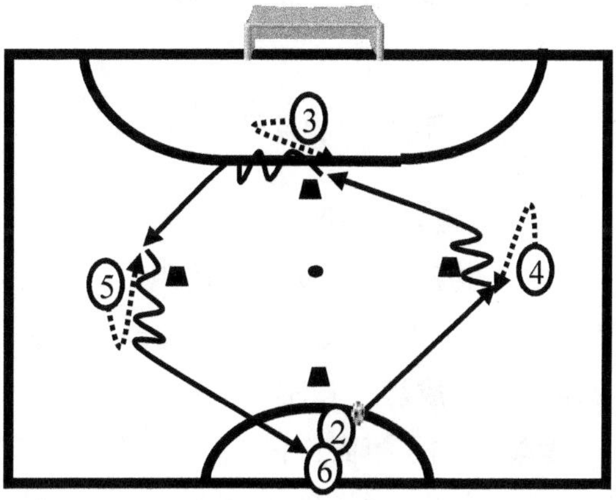

图1–7　背身摆脱射门

（三）射门练习

1. 正面运突射门

方法：控球球员②号运球中将球传给教练，接回传球后运球射门。②号在射门前可以选择突破射门或者摆脱射门（图1–8）。

要点：（1）选择突破射门或摆脱射门技术；（2）尽量用地滚球方式射门；（3）可以用脚尖捅射；（4）从边路的突破尽量射向球门的后角。

2. 背身摆脱射门

方法：进攻球员②号背身接③号球员的传球，在拿好球的同时做假动作向两侧摆脱，转身的同时完成射门技术（图1–9）。

要点：（1）射门球员尽量侧身站位、用远离球门一侧的脚拿球；（2）利用脚底踩停球技术接球；（3）利用前转身或后转身技术完成射门。

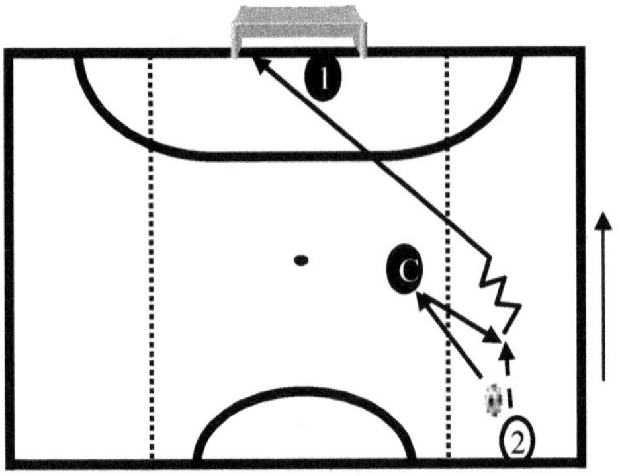

图1-8　运突射门

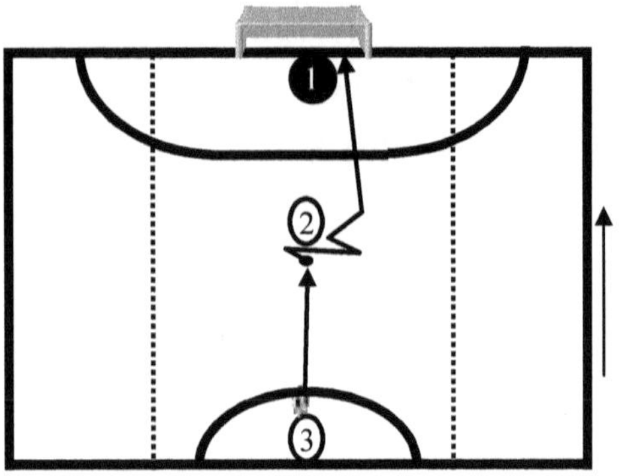

图1-9 背身摆脱射门

（四）移动跑位练习

1. 折线跑与变向跑

方法：边路②球员先做向前跑位、突然运用折回跑方式接应中路③球员的传球，③号传球后先向异侧方向拉开跑动、当②球员控制好球后，运用突然变向跑的方式向前插，并接②号的传球后完成射门（图1–10）。

要点：（1）折回跑和变向跑必须有节奏变化；（2）不要用背对进攻方向的跑姿，而是利用侧身姿势完成折回跑；（3）变向跑先慢、突然加速变向前插。（4）②号可以利用挑传球方式向前传球。

2. 斜线跑和弧线跑

方法：中路③号球员将球传给边路②号后，利用斜线跑方式拉开横向空当接②传球后，③号接球后有两种选择：（1）运控球后直接射门；（2）利用渗透直传球，把球传向后门柱方向，由②号在后门柱后完成射门（利用底线弧线跑）（图1–11）。

要点：（1）斜线跑要有方向和节奏变化；（2）做斜线跑时注意改变身体姿势（身体侧对传球队员），以利于接侧后方的传球。（3）②号传球后要沿边线向前做弧线跑位；（4）③号尽量选择射向后门柱，②号弧线跑位的终点也是后门柱。

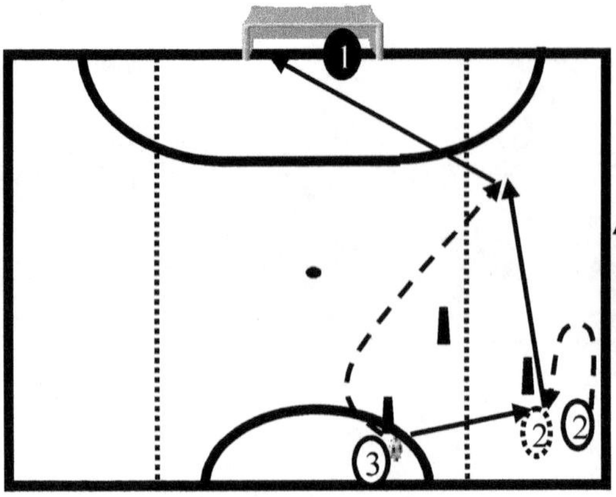

图1–10　折线跑与变向跑

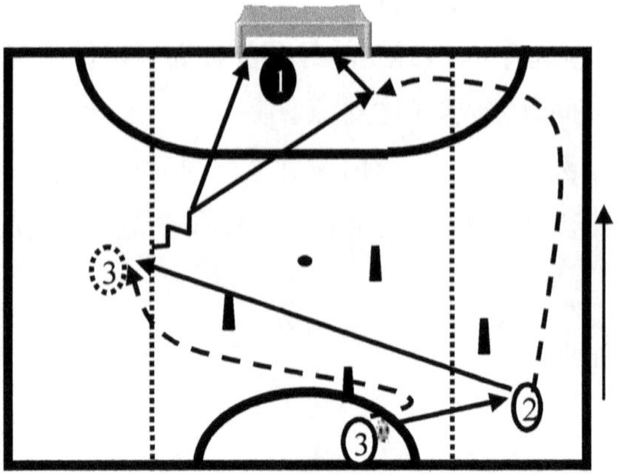

图1–11　斜线跑与弧线跑

（五）抢球练习

1. 传抢球练习

方法：队员在规定区域内做4v4传抢球，黑方5号和白方5号均为自由人，协助同队传控球。限制自由人触球次数：一次触球或二次触球；场地内队员选择人盯人防守（图1-12）。

要点：（1）守方采用人盯人防守战术；（2）保持恰当的防守距离，便于第一时间上抢球；（3）把握准确的抢球时机，即在对手低头运球时、接停球距离过大、背对进攻方向、面向场外时等机会出现时果断上抢球；（4）不限制进攻队员的触球次数。

2. 1v1抢球练习

方法：黑方队员持球，在球门两侧的球门线上站位，❸号运球进入场地将球传给斜对面③后，快速靠近进行1v1攻守练习，黑方断抢球后进攻中线上的球门（图1-13）。

要点：（1）防守队员迅速上前对球施压，靠近对手时应减慢速度、重心降低避免跳向对手，以免被对手变向运球突破；（2）保持适当的防守距离，避免因对手突然加速而被突破；（3）有意识地将防守队员向边路压迫，缩小其射门角度；（4）延缓对手，伺机抢球。

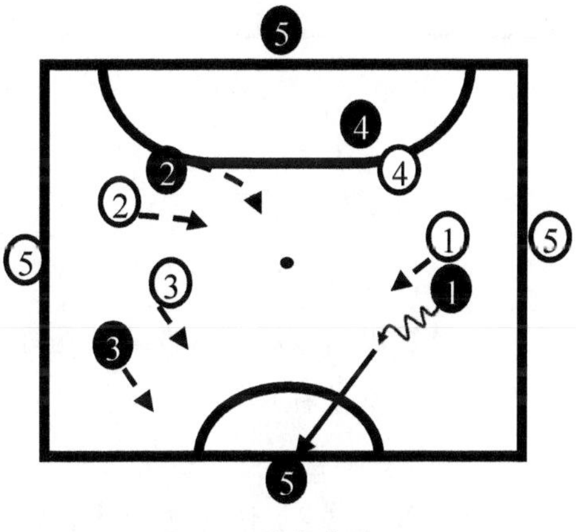

图1-12 传抢球练习

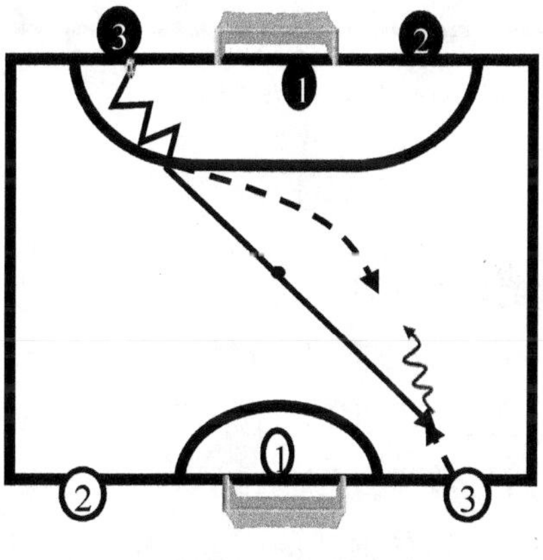

图1-13 1v1抢球练习

（六）断球练习

1. 2v4断球防守练习

方法：黑方2名防守队员，分别站在边路区域和中路区域进行断球防守。若球被传到另一侧，那么❹号进入边路区域、❷号回到中路区域；进攻队员必须两次触球以上才能传球，并且不能出区接球（图1-14）。

要点：（1）第一防守人封堵直传球路线、迫使其横传球；（2）第二防守人依据球与同伴位置，选择保护角度，伺机断球。

2. 4v4断抢球练习

方法：黑方1-2-1防守队形，分别站在不同区域进行防守。若球出界、被守门员获得或被抢断，白方按相同队形组织防守；攻方进攻时允许1名队员跨区参与进攻，防守队员不允许跨区防守（图1-15）。

要点：（1）依据球的位置，封堵向前传球路线；（2）增加防守层次、寻找断球机会；（3）球员可以利用铲球技术、跨步动作实施断球。

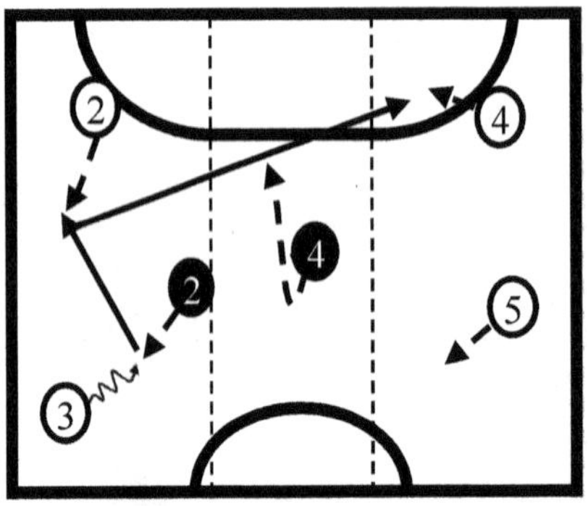

图1-14　2防4断球球练习

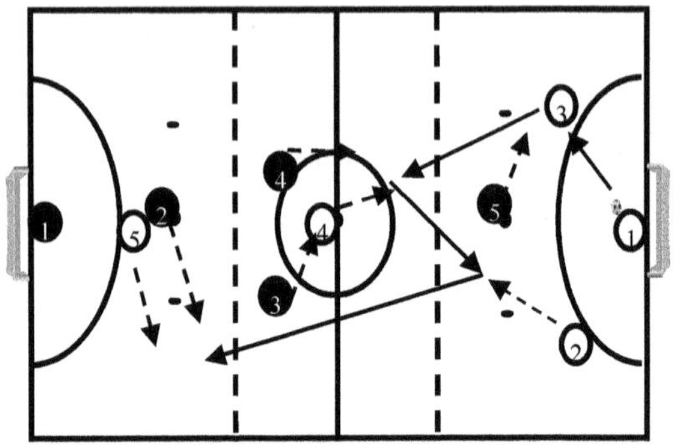

图1-15　4v4断抢球练习

（七）封堵球练习

1. 1v1封堵球练习

方法：攻守双方队员在球场一侧边线外站位，教练员发出信号后，双方队员迅速绕过角球区与中线角上的标志桶，进入场地进行1v1攻守。进攻队员只能在10线以外射门，防守队员快速选位，封堵射门（图1-16）。

要点：（1）依据球的位置，选择合理的上前封堵路线；（2）快速向持球队员施压同时，选择适当封堵距离与角度；（3）越靠近对手时应减慢速度，避免猛扑和跳向持球队员。

2. 3v4封堵球练习

方法：黑方3名队员采用区域防守战术对4名进攻队员。防守方采用三角站位，攻方采用2-2站位，攻方队员采用两次触球的方式传控球，但射门时必须一脚触球；守方断抢球后快速攻击中线两个小门（图1-17）。

要点：（1）始终对持球队员快速施压、封堵向前传、射路线；（2）其他防守队员向球侧靠拢、封堵保护防线之间空当；（3）时时观察、交流与呼应。

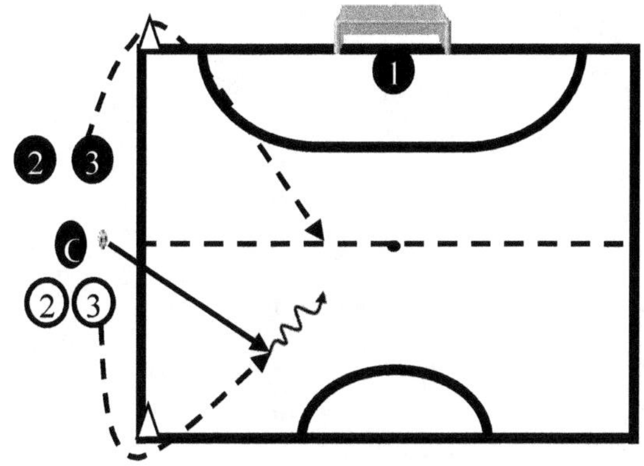

图1-16　1v1封堵球练习

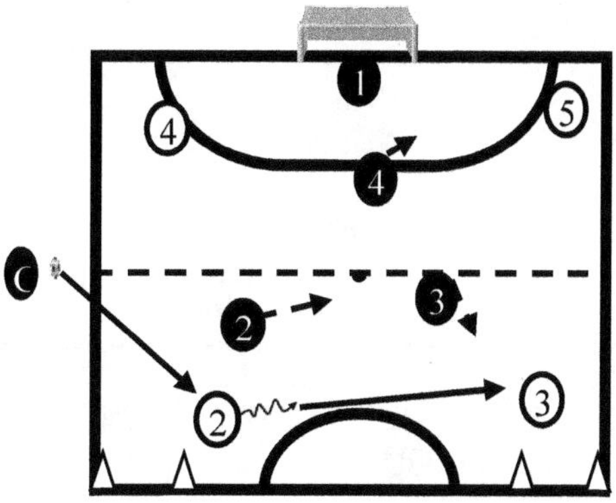

图1-17　3v4封堵球练习

第三节　五人制足球个人战术教学与方法

五人制足球战术方法，以参与战术行动的人数为标准，把五人制足球战术方法分为个人、小组和全队战术方法三种。

一、五人制足球个人战术概念

（一）概　念

五人制足球比赛中的个人战术是指运动员在攻守过程中依据整体战术打法，通过创造性应用个人技术来完成全队攻守打法的行动。

（二）分　类

五人制足球个人战术是组成队伍小组和全队战术配合的基础条件。因此，熟练掌握和灵活运用这些基础战术，对提高球队整体攻守战术配合能力和战术意识具有重要作用。五人制足球进攻中个人常采用的战术方法有运球过人、传球、射门、摆脱、跑位等；防守时主要运用移动选位、盯人、抢断等（图1-18）。

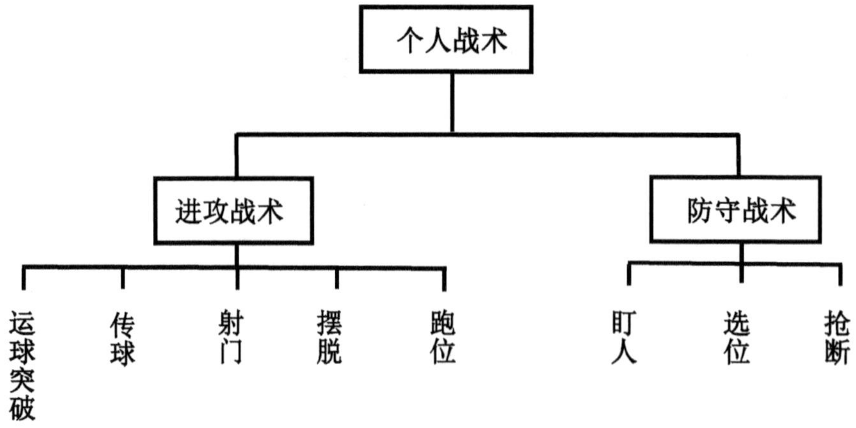

图1-18 个人攻守战术分类

二、个人进攻战术

个人基础战术训练是五人制足球训练的基本部分，无论你选择什么样的整体战术指导思想和战术安排，都要依据运动员熟练掌握的个人战术方法来实施。在实际的训练中，个人战术包含了进攻和防守两部分的训练要求，五人制战术训练中一般会选择对抗性练习的方式设计训练方法、组织训练过程，主要是对攻守对抗形式、人数、区域以及相应的技战术要求等方面提出的有效控制。

（一）个人进攻战术教学

1. 教学内容

（1）运突练习，主要运用以多攻少的练习形式，包括1v1和2v1等练习形式，通过增加攻方人数优势，从而提高攻方队员的练习成功率，使队员在对抗形式下不断重复运球突破和射门练习，借此提高这两个方面的能力。这种形式的练习一般会选择安排在半场内进行练习。

（2）射门练习：它的练习形式较多，一般会安排在半场内进行练习，包括：①接角球区域传出的球直接射门；②半场内的传跑配合射门练习；③定位球射门练习等。射门练习的内容可以安排在对抗形式下进行，也可以安排在无对抗形式下进行。

（3）摆脱与跑位战术配合练习，以2人、3人的简单战术配合、2v1或3v2练习为主。主要练习方法包括：①一脚传球给前锋跟进射门配合：通过中路传球给前锋，然后运用变向跑或交叉跑跟进接应射门的方法；②通过边路传球给前锋，然后靠近跟进接应射门的方法；③传球后斜线跑接球射门；④传球后迂回跑摆脱接应二过一配合；⑤传球后折线跑摆脱接应等方法。

2. 教学要点

（1）强调无球运动员的各种移动，这是五人制足球运动员必须掌握的基本技能。在五人制足球战术变化中，对无球跑动技术要求较高；（2）准确的、合理的接球位置，即球员在训练中根据球、对手的位置，发现空当（弱防守区域）进行接球的能力；（3）无球跑动中强调运用有效的摆脱跑技术（变向、变速、折线跑等方式）；（4）对手紧逼情况下，避免在对手面前横传球；（5）避免接球后原地运控球，练习中提醒球员接球后的2~3秒内就要做出下一步的战术行动决策，不能长时间原地控球，否则容易被对手形成局部区域紧逼；（6）个人战术练习符合场区特征，与整体战术相一致。

（二）个人防守战术教学

1. 训练内容

（1）人数相等的人盯人练习，包括1v1、2v2等形式防守练习，主要发展队员正面抢断球、盯防无球队员以及选位能力。

（2）人数不相等的区域防守练习，包括1v2、2v3、3v4、4v5等形式的以少防多练习，主要发展队员移动选位、断球防守战术能力。

个人防守战术的练习一般选择在半场区域内完成。主要是因为防守区域的缩小，更有利于防守队员个人不断的作出判断、决策和实施防守行为。

2. 练习要点

（1）始终强调防守球员的身体姿势。侧对来球、双脚前后开立，两腿屈膝、降低重心，两眼注视来球或控球队员是防守姿势的基本要求。五人制足球运动员个人防守姿势，根据球的位置以及盯防队员的状态，可以做出适应性变化，例如：定位球防守时由于每名防守球员的位置任务不同，因此防守队员的身体姿势各不相同；（2）平稳靠近持球队进攻队员，避免跳向和盲目猛抢球；（3）始终要封堵对手的传球和射门路线；（4）没有抢断球机会时，尽量把对手逼向两侧边线；（5) 紧盯你跟防的进攻球员，同时兼顾观察球的位置；（6）始终要对持球队员紧逼施压；（7）无论是个人还是小组防守练习，由守转攻时球员必须要有快攻意识。（8）个人战术练习符合场区特征，与整体战术相一致。

三、个人防守战术教学

（一）运突与射门教学与方法

1. 正面一对一运突射门

方法：进攻球员②号将球传给防守队员后，向前跑动接回传球，中路完成运球摆脱射门或突破射门（图1-19）。

要点：（1）球与控球队员之间的距离，尽量将球控制在身体重心下；（2）运球的变向和变节奏是重点；（3）强调运射动作衔接的连贯性；（4）接球队员只要发现空当就要马上果断起脚射门。

2. 背身一对一摆脱射门

方法：进攻球员②号背身接③号球员的传球，在拿好球的同时做假动作向两侧摆脱完成射门（图1-20）。

要点：（1）接球队员必须有摆脱接应意识；（2）根据对手的位置、选择前转身或后转身技术完成射门；（3）接球队员只要发现空当就要马上果断起脚射门。

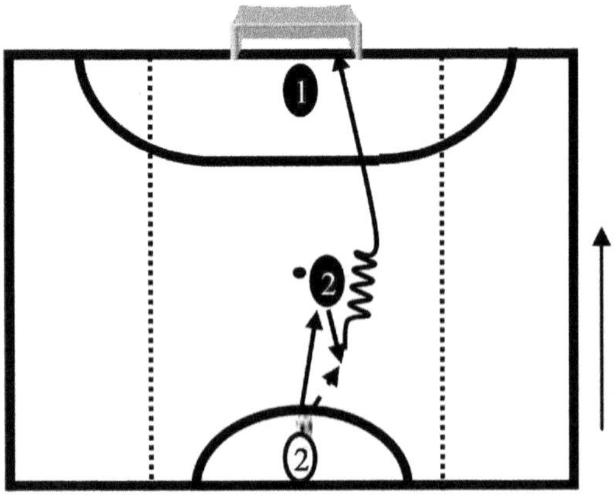

图1-19　正面一对一射门

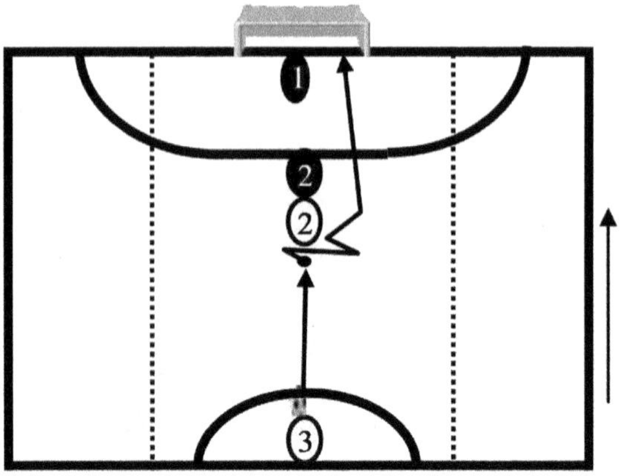

图1-20　背身一对一射门

（二）传球和跑位教学与方法

1. 直接传球给前锋

方法：3名进攻球员与2名防守队员（加1名守门员），在半场进行3v2传抢射门练习（图1-21）；前锋在球门区线附近做摆脱接应，不能射门；给前锋传球必须是一脚传球；中场球员不能以运球过人的方式进攻、只能采用传球给前锋后前插并完成射门；防守队员开始时用区域防守战术、对手完成向前传球后变为人盯人防守。

要点：（1）发现直接传球给中锋的机会；（2）跟进接应队员利用变向跑技术；（3）中锋采用侧身控球技术。

2. 摆脱跑位练习

方法：2名进攻队员和2名防守队员（加1名守门员），在半场内进行2v2传抢攻守射门练习（图1-22）。不限制队员触球次数；防守队员采用人盯人防守形式；限制防守队员的防守强度，即练习之初消极防守；练习之中只断球、不抢球积极防守；最后变为正常对抗练习。

要点：（1）传球后，向前方空当跑位、向防守队员身后跑位；（2）通过变向、变速等方式摆脱跑接球；（3）不要背对持球者跑位，多利用侧身跑技术。

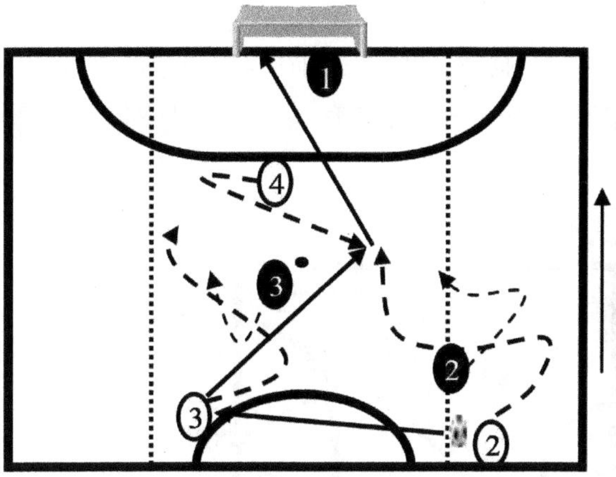

图1-21　传球跑位练习

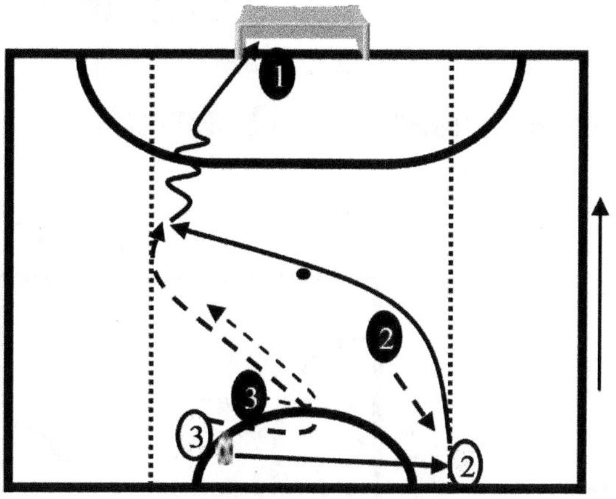

图1-22　传球斜线摆脱练习

（三）选位与盯人教学与方法

1. 选位防守练习

方法：6名球员在场地的虚线范围内进行3v3区域防守练习（加2名守门员和2名接应队员（图1-23）。

要点：（1）由守门员发球给边路❷号，这时守方②上前紧逼、③和⑤选择依据保护中路的选位原则，分别在②的斜后方进行选位保护；（2）如果攻方中路控球，守方相应调整队形，③上前紧逼、②和⑤进行选位实施保护；（3）练习过程中控球方利用个人和小组传球配合将球传给接应队员，并跟进完成射门；（4）防守方利用相互之间的选位和保护，封堵并抢断攻方传球，获得控球权。

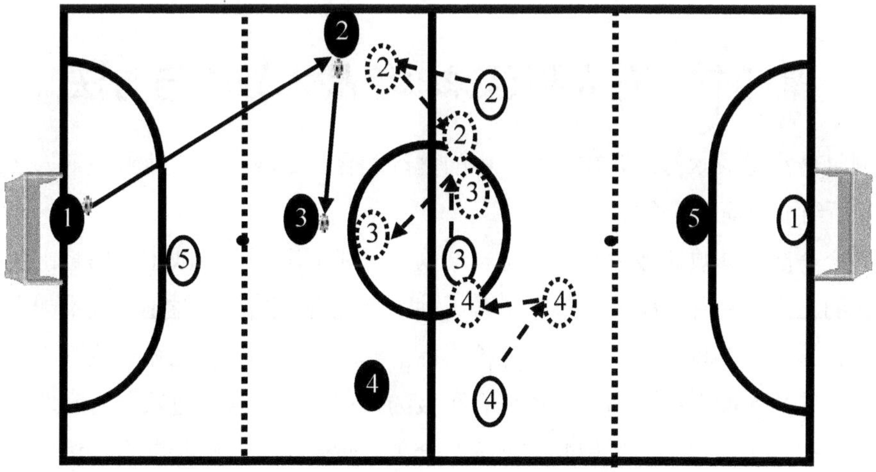

图1-23　防守选位练习

2. 前锋身前盯人防守练习（后卫绕前防守练习）

方法：在五人制足球人盯人防守中，有一项特殊防守战术就是前锋身前防守。双方球员在标准场地内做3v3人盯人攻守练习，攻方采用2-1队形、守方采用1-2队形（图1-24）。

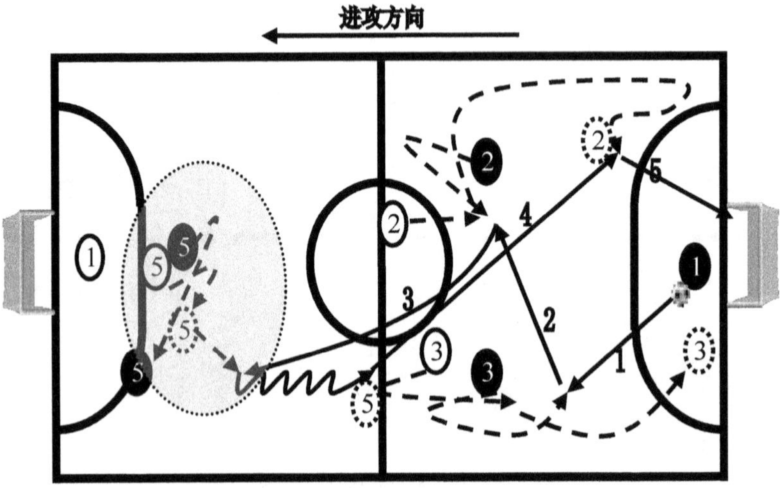

图1-24 后卫绕前盯防前锋练习

要点：（1）后场盯防前锋的队员，可以根据球的位置以及前锋的跑动情况，选择其防守位置，可以选择前锋身前站位盯人。图1-24中后卫⑤号可以选择在进攻方❺号身前站位盯人防守。（2）实施后卫绕前防守时，守门员应该离开球门线，并根据具体情况进行选位，利用断球、夹击或补防的形式，协助后场队员完成对前锋的盯防（只限于后卫在前锋身前站位时采用）。（3）后卫选择绕前防守时，身体应该侧身站位，保证盯防前锋的同时，还要兼顾观察球的位置。应避免背对前锋队员。

第四节　五人制足球小组战术教学与方法

五人制足球小组战术是比赛攻守过程中的基础配合，是攻守双方队员两三人之间以特定的专门方式所组成的简单配合方法。

它是组成全队整体攻守战术配合的基本结构，一般情况下全队战术应用是由某种小组战术配合开始的，有时一种全队战术包含了若干种小组配合形式，同时小组战术配合也是判断比赛中队伍整体和局部攻守能力的主要评价指标。熟练掌握和灵活运用这些基础配合，对提高队伍整体攻守战术配合能力和比赛意识有积极的作用。它包含了进攻与防守两个部分，进攻包括：传切配合（二过一、传球变向跑等配合）、轮转配合、掩护配合、策应配合；防守包括保护、夹击、补防、交换防守、围抢中锋（图1-25）。

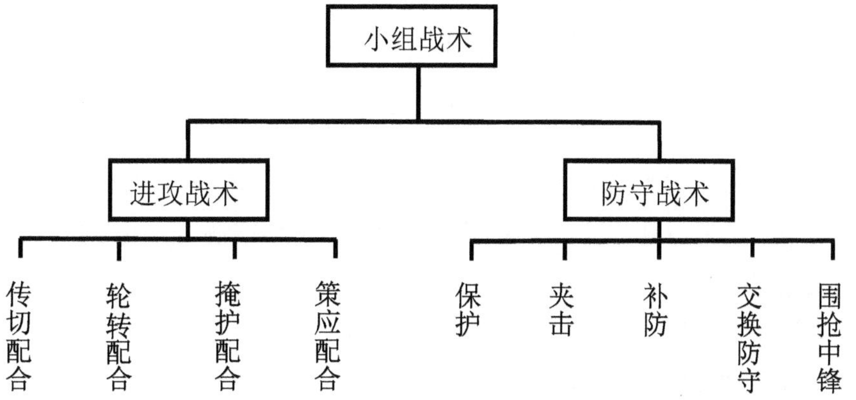

图1-25　小组攻守战术

一、小组进攻战术教学与方法

（一）传切进攻战术

五人制足球比赛中的传切配合，也可以称为传跑配合，就是指两名运动员之间利用传球和各种跑动技术所组成的简单配合，包括墙式二过一、交叉掩护二过一、传球后结合各种跑位的战术配合（传球-变向跑、传球-跟球跑、直传前锋跟球跑、传球-迂回跑等）。

传切配合的方法和要求与个人传球跑位战术中内容基本相同，此节不再进行具体介绍配合方法。

（二）轮转进攻战术

1. 概念

轮转配合是五人制足球特有的战术配合方法，它是指场上球员按照固定的传球和跑动路线重复配合的方式。这种传球以后迅速跑开再做接应的办法，在三人之间和四人之间形成反复拉开和靠近接应的局面，可以充分发挥局部人数优势，控制好球增加控球时间。同时，也能够伺机有效地将球渗透到对手的身后发动快攻。另一方面，轮转移动配合体能消耗大，如果机械性的执行轮转，就会让进攻缺乏变化失去其战术配合的意义。它主要包括有2-1轮转、“8”字轮转。

2. 要点

（1）攻守双方队员的站位情况，决定使用何种轮转方法，必须使队员掌握多种移动方法，如2-1站位轮转、3人平行站位的“8”字轮转等；（2）轮转移动配合过程中，必须有攻守平衡意识，接应队员不能同时跑向一个方向接应，应该利用平衡性和协同性的跑位方式，即一人向前、一人向回，或是一人向边路拉开，人就要向中路靠拢的跑动方式；（3）使队员清楚各种轮转配合的发动进攻的时机和主要攻击点，以及以何种方式结束轮转（突破、向空当传球、射门、变化轮换配合方式），以便提高轮转配合的效率。

3. 方法

（1）2-1轮转配合

方法：左路持球队员②传球给④，②做斜线摆脱前插跑位，④做假传内切动作将球传给回撤的③，然后向另一侧做斜线摆脱前插，这时②回撤到④开始的位置，准备接③的回传球，③再重复相同的跑动路线（图1-26）。

（2）“8”字轮转配合

方法：中路持球队员③将球传给左路接应的④后，向左路前插并做迂回跑位到④原来接球的位置，④接球后运球到中路与右路②做同样的传球配合与跑位，②再重复相同的传球与跑位路线（图1-27）。

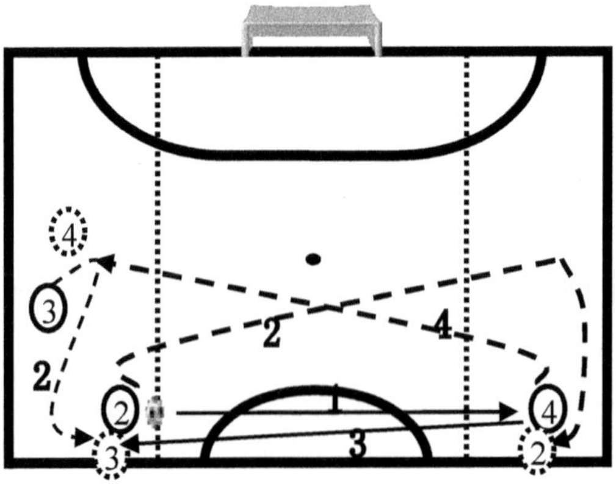

图1-26 2-1轮转配合路线

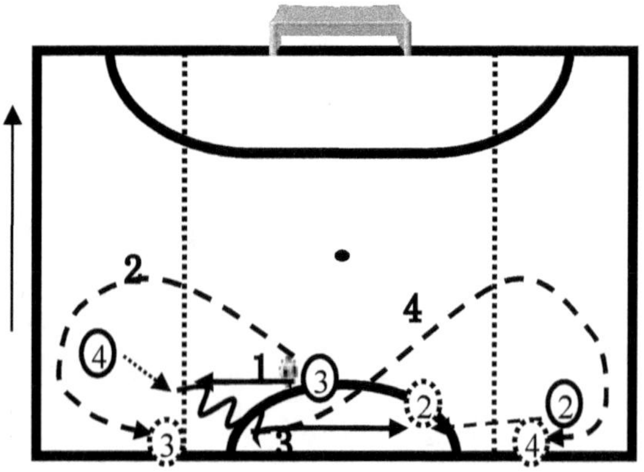

图1-27“8”字轮转路线图

（三）掩护进攻战术

1. 概念

掩护配合也叫挡拆掩护配合，是五人制足球借鉴篮球进攻战术演变而来，在定位球战术中应用最多。它主要指进攻队员在进行战术配合过程中，无球队员利用提前的跑位、选择合理的位置，运用规则允许的身体动作挡住盯防持球队员或其他防守者的移动路线，使同伴摆脱防守，获得传球、突破或者射门的进攻机会的一种配合方式。在五人制足球比赛中，每支队伍掩护配合的形式和方法各不相同，根据掩护队员的身体位置和方向，主要分为前掩护、侧掩护和后掩护三种形式。

2. 要点

（1）掩护者应选择规则允许的正确的掩护位置和动作，掩护瞬间球员的身体是静止的、双臂屈肘放于体侧或交叉放于胸前不能展开，并且与对手保持适当的距离；（2）掩护时同伴之间应掌握好配合时机，根据防守变化，灵活机动的选择进攻战术配合；（3）一旦掩护没有成功，或者防守队员识破了掩护配合目的时，掩护队员应立即转身再次接应持球队员参与进攻组织。

3. 方法

（1）前掩护配合

方法：②将球传给③后做一个变向跑到防守队员❸前面做掩护，持球队员③可以做突破射门，或者将球传给后套插上的②完成射门（图1-28）。

（2）侧掩护配合

方法：②将球传给④后，斜线跑到防守队员❹侧面做掩护，④持球队员突然内切向中路运球，将球传给左边路插上的③完成射门（图1-29）。

（3）后掩护配合

方法：持球队员③向防守队员身后空当运球的同时，②队员做摆脱跑位到防守队员❸身后做掩护，③突破后可以射门，或者将球传给②完成射门（图1-30）。

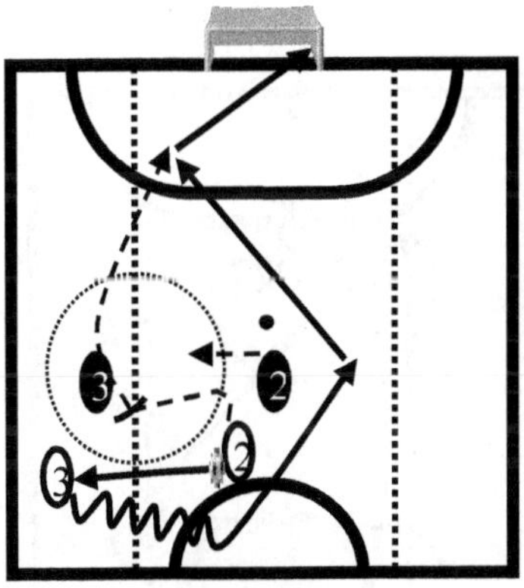
图1-28 前掩护

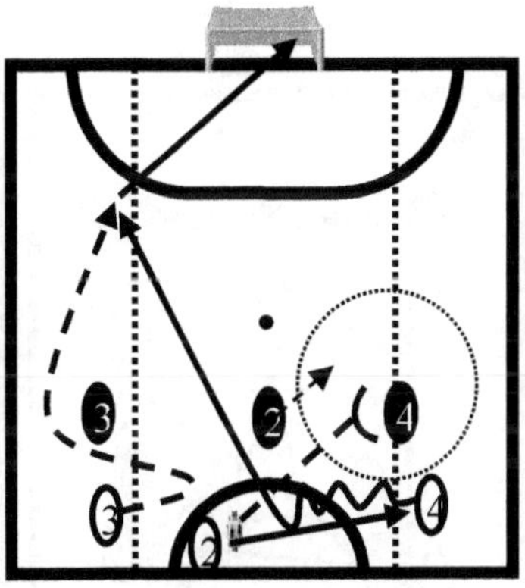
图1-29 侧掩护

图1-30 后掩护

（四）策应进攻战术

1. 概念

在五人制足球中策应配合主要指前锋接应战术，即进攻组织过程中，前锋背对或侧对进攻方向摆脱防守接球后，以他为枢纽，通过其他无球队员的多种跑位（向球跑、交叉掩护、墙式二过一等跑位配合）创造各种进攻射门机会。比赛中策应配合战术分为前场站位策应和中场移动回撤策应两类。一般情况在1-3-1和1-2-1-1阵型中经常采用前锋回撤边路、前锋迂回中路、前锋反向前插三种策应配合手段。

2. 要点

（1）策应队员接球前必须做摆脱跑位，依据球的位置选择空当接球或选择牵引跑位为同伴创造空当；（2）策应队员尽量用侧身脚底踩停接球技术，用身体保护球的同时，增加观察的视野，这时策应队员第一任务是控制好球；（3）队员必须清楚策应不是目的，当策应队员接到球后，快速识别场上的攻守位置变化，及时的将球传给进攻位置更好的同伴，并再次准备二次进攻；（4）外线队员传球后，利用各种跑位技术摆脱防守队员，接到策应队员传球后应迅速完成射门、突破或传球。

3. 方法

（1）前锋回撤边路策应

方法：②利用边路与回撤接应的④做传球配合，最后由③完成射门（图1-31）。

（2）前锋迂回中路策应

方法：前锋④摆脱防守后，回撤到中场与②进行二过一配合并完成射门（图1-32）。

（3）前锋反向前插策应

方法：前锋④突然摆脱防守反向前插接球，将球传给③完成射门（图1-33）。

图1-31 前锋回撤边路

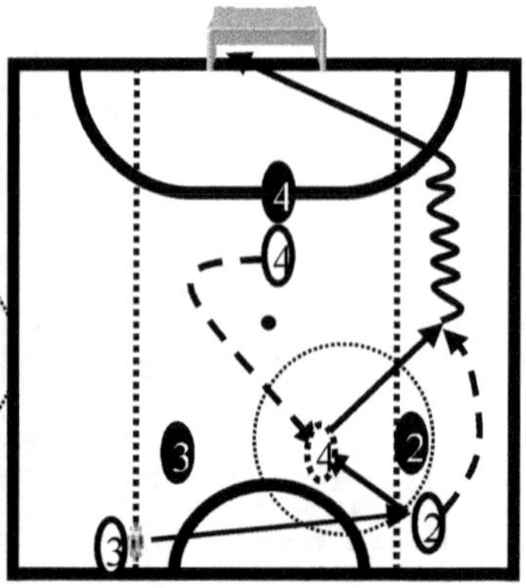

图1-32 前锋回撤中场

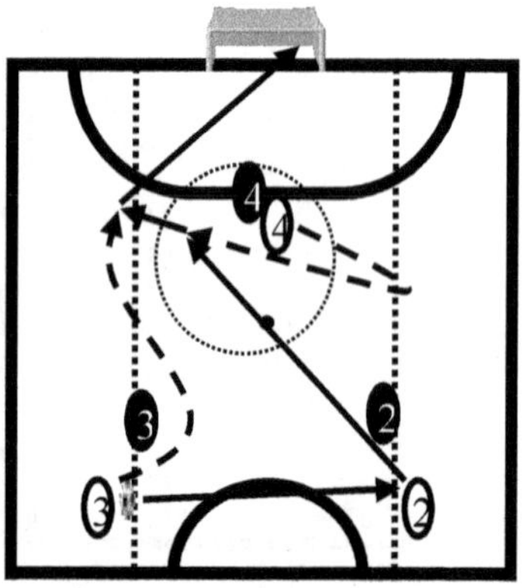

图1-33 前锋反向前插

二、小组防守战术教学与训练

（一）保护协防战术

1. 概念

保护是指在第一防守者靠近持球队员紧逼时，第二及其他队员选择有利位置来保护第一防守者身后空当与中路区域，防止持球队员突破或向前传球的配合行为。保护是五人制足球比赛中非常重要的小组防守战术，保护战术在五人制比赛中常见有两种类型：（1）对人（抢球队员）的保护；（2）对空间的保护。

2. 要点

（1）对人的保护位置选择应该以球门侧内线站位为基本原则；（2）对空间的保护应以球线后选位和保护控制有球侧局部区域为基本原则；（3）保护队员与抢球队员要始终保持沟通与交流，一般情况下由保护队员指挥实施逼抢的队员。

3. 方法

（1）对人的保护战术

方法：当攻方边路球员与②形成一对一时，④队员应回撤到②身后的球门柱一侧，对②形成保护的同时，也可兼顾对中路进攻球员的盯防（图1-34）。

（2）对空间保护战术

方法：防守方采用的是区域防守战术，其中进攻方中路控球时，防守方④进行盯人逼抢，③和⑤分别在其身后站位，并保护两侧区域，②主要是对门前中路区域的保护；当攻方左边路控球时，⑤进行盯人逼抢，④和②分别对⑤身后的中路和边路空当进行保护、③对门前中路区域的保护（图1-35）。

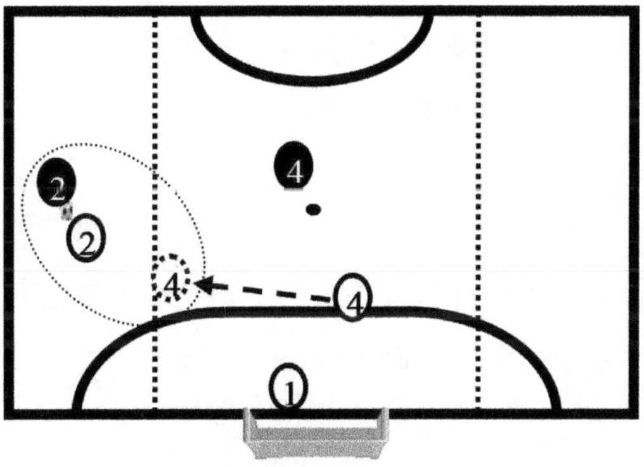

图1-34 对人保护

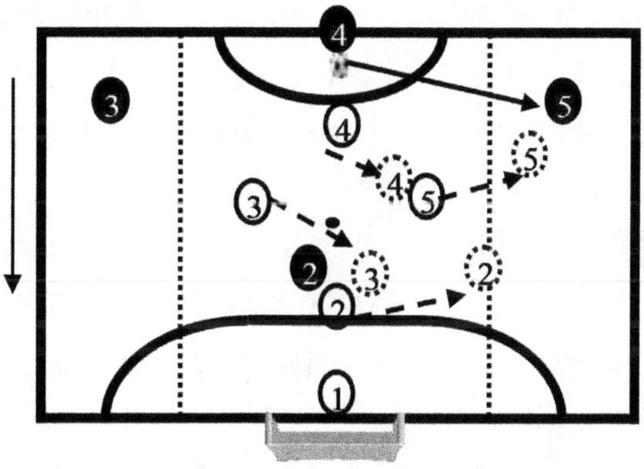

图1-35 对空间保护

（二）夹击防守战术

1. 概念

夹击战术是指两名以上防守队员，利用对手在边路、或角球区、或是背对进攻方向停控球时，在一名防守队员封堵其向前推进的同时，其他防守队员协助防守的一种以多防少的配合行为。夹击配合是一种主动性、攻击性很强的防守配合方法，能有效的控制持球队员的活动，迫使对手失误、创造断球反击的机会和减少个人防守犯规。五人制比赛中常在区域紧逼防守时采用夹击防守配合（图1-36）。

图1-36 两人夹击防守图

2. 要点

（1）夹击时机的把握，明确哪些信号是实施夹击战术的时机，如攻方队员在中路背对进攻方向停控球时、边路背对场内停控球时、当持球队员没有拿好球；（2）明确夹击战术运用的区域特征，比赛中更多出现在边路和角球区；（3）运用夹击战术时，首先应封堵对手向前的路线，迫使对手把球停在原地或者向回运球，其次协防球员伺机进行抢断球或迫使对手因盲目处理球而失误；（4）应明确在运用夹击防守战术时，避免不必要的犯规。

3. 方法

（1）边路夹击

方法：当进攻❷与守方②进行一对一时，②防守队员首先阻止其向中路突破，诱使其向边路运球，这时④迅速回撤到进攻球员内侧，与②一起形成内侧平行站位实施夹击配合（图1-37）。

（2）中路夹击

方法：当进攻队员将球渗透传给❷时，防守队员②应贴身紧逼阻止其接球摆脱转身，同时④迅速回撤到中路与②一起实施前后夹击防守配合（图1-38）。

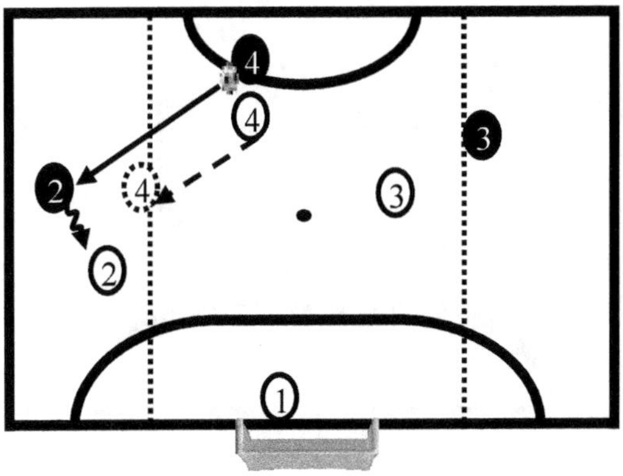

图1-37 边路夹击战术

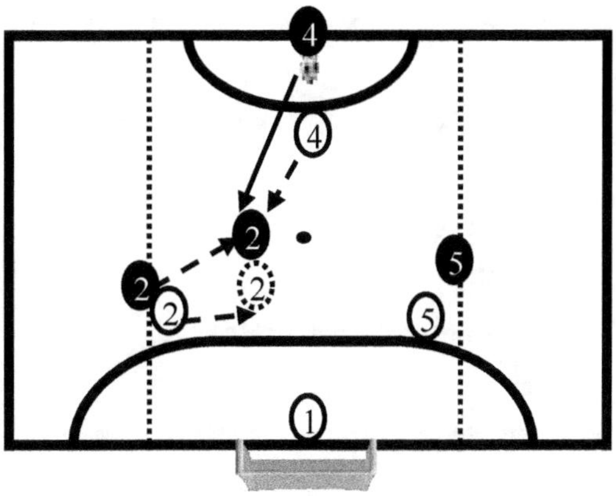

图1-38 中路夹击战术

（三）补防防守战术

1. 概念

补防战术是指防守队员被对手突破或防守队形出现漏防时，邻近位置的同伴放弃自己的位置，及时进行补漏防守，直接干扰对手进攻的一种防守配合方法。补防战术具有一定的被动性，需要球员具备整体的防守战术意识，在五人制足球比赛中补防经常用于以少防多情况。

2. 要点

（1）每名防守队员必须时刻观察场上的攻守变化情况，一旦需要补防首先应抢占有利位置，补防以延缓或破坏对手射门、突破和向前传球为目的，避免不必要犯规；（2）防守队员一旦被突破或者失去了防守的位置，应快速向补防队员原来的位置移动，并起到再次保护和协防的作用。

3. 方法

（1）1对2的补防

五人制比赛中由攻转守时，经常出现一名防守队员防守两名进攻队员的情况，这时补防队员根据实际情况有两种防守策略可以选择。

① 通过有效的选位、逼迫对手向边路运控球（图1-39）。重点是防守队员③必须选择进攻队员的内侧站位，阻断其向另一侧传球的路线，避免犯规。

② 通过封堵、保护中路的危险区域，迫使对手向边路的队友传球减小射门角度（图1-40）。攻方2号形成突破时，防守队员⑤上前补防、并封堵门前的中路区域，迫使对手向边路5号传球，这时守门员①根据球的位置选位或出击与进攻队员形成一对一，这时⑤回撤到门前保护守门员身后空当以及盯防包抄队员。

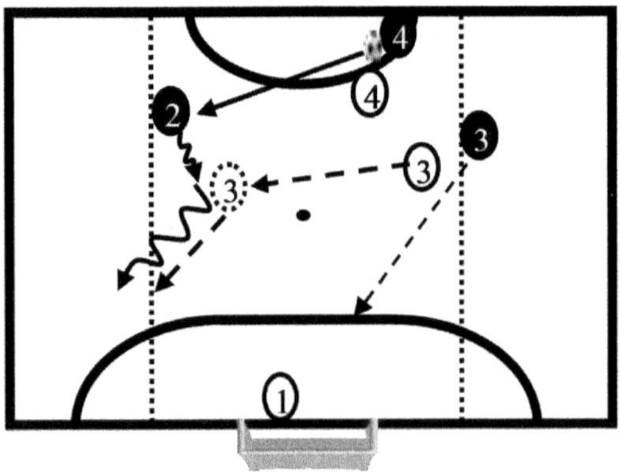

图1-39 向边路逼压

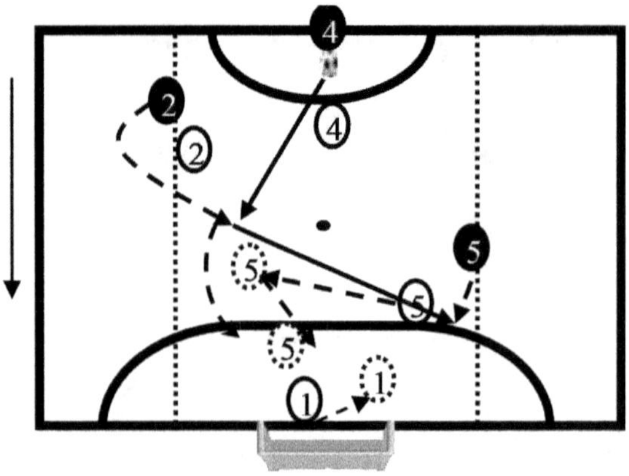

图1-40 中路补防

（2）3防4的补防

五人制足球比赛中，当一方被罚下一名球员时，防守方常常采用3人回撤到本方球门区附近形成3防4的局面，这时3名防守队员主要运用区域防守的策略，对球施压的同时，通过彼此的补防移动、保护门前中路危险区域。3防4一般会选择1-2或2-1队形站位。

3防4的补防有两种移动配合形式。

① 根据对手的传球速度，3名防守队员不需要换位的补防移动方式。

② 3名防守队员轮转换位的移动方式。这两种防守移动方式的重点是必须始终对球施压，最前面的队员以阻止对手轻易在门前射门为主要防守任务；另外，守门员应在场内距球门线半米的位置选位，以便压缩保护队友身后的空间和利于出击封堵对手射门角度。

方法1：防守队员②主要负责球门区外围正面区域的控制（第二点球点附近），④和③分别负责保护控制球门区中路以及一侧球门柱区域（图1-41）。

方法2：如果运用轮换的方式进行防守，②负责球门区外围正面（第二点球点）与球门区中路（第一点球点）之间左侧区域的控制；③负责球门区外围正面（第二点球点）与球门区中路（第一点球点）之间右侧区域的控制；④负责球门柱两侧区域的控制；守门员负责控制门前区域的防守（图1-42）。

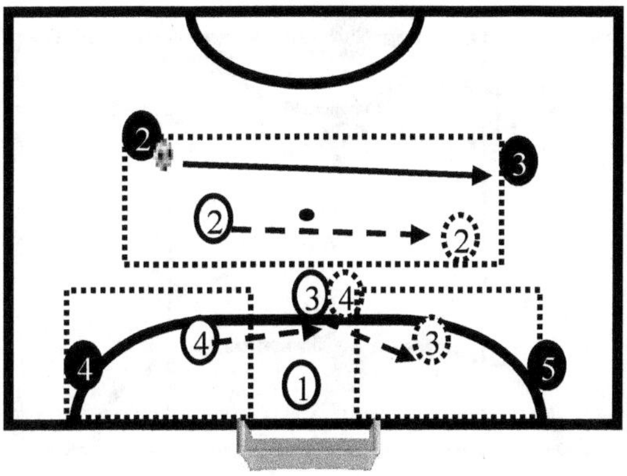

图1-41 3防4基本移动

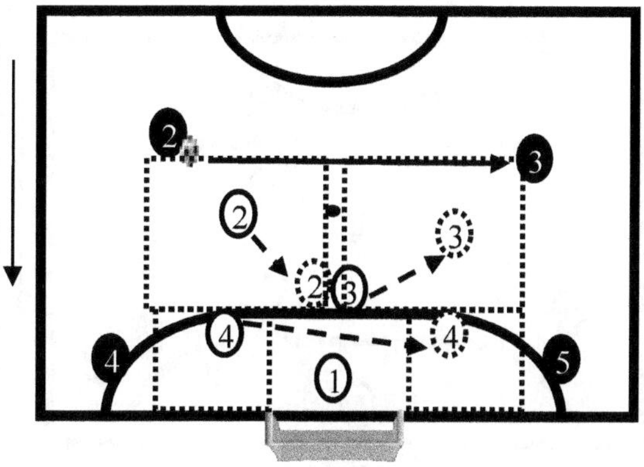

图1-42 3防4轮转移动

（四）交换防守战术

1. 概念

交换防守战术是指进攻队员做掩护配合、交叉换位以及轮转跑位时，防守队员之间及时主动的交换自己所盯防的进攻队员，而实施的一种防守配合方法。交换防守一般在全场或半场紧逼时经常采用，它能够保证对有球区域的不断施压。

2. 要点

（1）交换防守对象时，防守队员之间必须及时沟通交流，明确自己的防守对象和任务（一般由后面队员指挥前面队员是否要换防）；（2）运用换防战术时，必须以对有球区域始终形成紧逼施压为首要前提；（3）注意把握换防战术运用的时机，一般情况下当球在边路或传向边路时防守方才进行换防，如果球在中路或没有形成默契，必须追盯自己的防守队员。

3. 方法

（1）边路换防战术

方法：当深色进攻方在边路进行交叉换位跑动时，浅色防守队员⑤及时发出信号与③交换防守队员（图1-43）。

（2）中路换防战术

方法：当深色进攻方中路球员传球后进行前插接应时，这时位于后排的浅色防守队员④指挥②队员进行交换盯防对象（图1-44）。

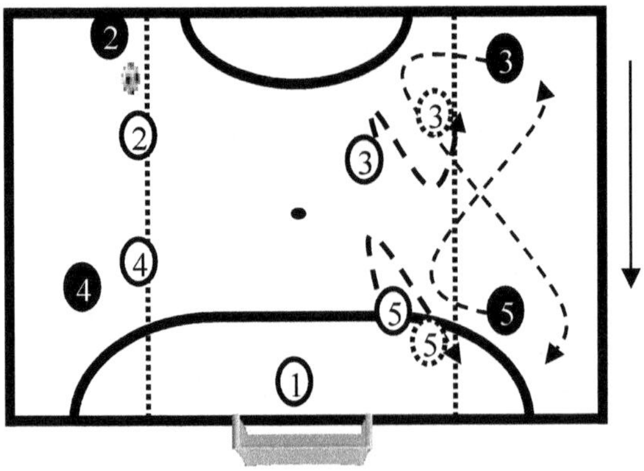

图1-43 边路换防配合

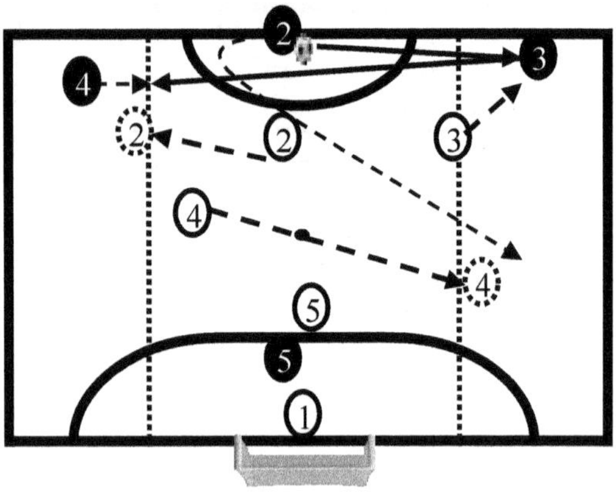

图1-44 中路换防配合

（五）围抢前锋战术

1. 概念

围抢前锋战术是指在一名防守队员与进攻方前锋在球门区6米线附近进行一对一争抢时，其余所有防守队员快速回撤共同围抢对方前锋的一种防守配合方法。面对强队、或当对方前锋个人能力突出，为了避免其发挥一对一的优势和减少本方半场中路区域防守的压力，防守方常采用围守前锋的防守方法。比赛中攻方采用1-3-1进攻阵型时，守队经常采用这种防守战术（图1-45）。

它与夹击围抢的主要区别是：当对手利用直传渗透球将球传到了防守方最后一到防线时，前锋与防守者形成一对一局面时，其余队员回撤形成以多防少的战术行为。

图1-45 围抢中锋

2. 要点

（1）外围防守队员通过选位，保护中路区域，阻止持球队员给前锋传球。盯防前锋的队员根据球的位置，选择前锋身后、侧面以及身前站位，预断传球队员的意图进行积极的抢断球；（2）一旦前锋接到球或转身向门前运球时，盯防队员以阻止其向前突破为主、有球侧的队员迅速回撤与盯防队员一起进行包围夹击，无球侧防守队员应回撤到盯防队员身后进行保护。（3）围抢前锋战术具有防守人数优势，因此防守过程中不要盲目犯规，围抢战术应以阻止前锋射门、突破，迫使其向回传球或向边路传球为基本原则。

3. 方法

（1）2-2队形围抢前锋

方法：2-2队形中防守前锋的队员⑤一般选择在前锋的侧面站位，以封堵前锋转身为主；②站在前锋的内侧与③一起以包围夹击为主；④则是协防和保护队员（图1-46）。

（2）3-1队形围抢前锋

方法：3-1队形中防守前锋的队员⑤一般选择在前锋侧后方站位（或选择身前站位），以封堵前锋转身为主；②和③位置任务不变；④则是协防和保护队员（图1-47）。

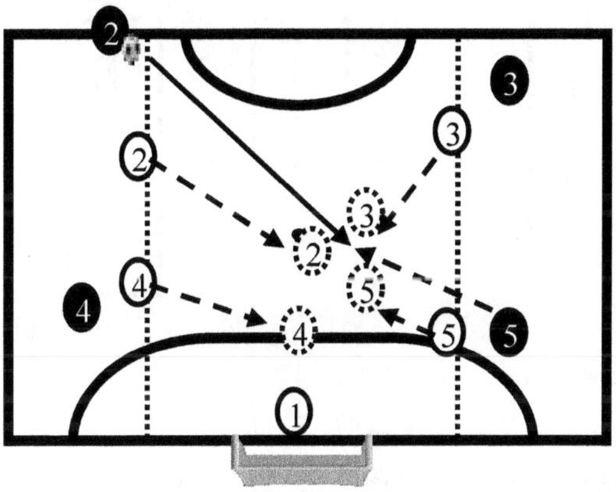

图1-46　2-2队形围抢前锋

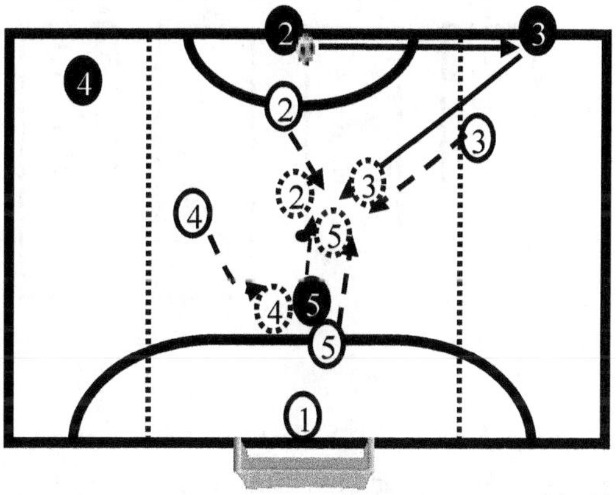

图1-47　3-1队形围抢前锋

第五节　五人制足球全队战术教学与方法

五人制足球全队战术是指在比赛的攻守过程中，依据不同的攻守任务全队所有队员同时采取行动配合的总称。五人制足球全队战术是以个人和小组战术为基础，在实际比赛中以比赛阵型为表现形式，通过不同阵型的组合来体现出不同的战术体系和移动配合方法。五人制全队战术包括了全队进攻战术与全队防守战术两类。

一、比赛阵型介绍

阵型可以定义为一种战术框架，或每名运动员根据特殊的任务而有自己的位置，比赛区域和职责的一种组织。比赛阵型是比赛战术的主要组成部分，它是比赛战术活动中相对稳定的形式和行动的方式。比赛阵型是对五人制足球比赛规律认识的外在表现，不同的比赛阵型设定往往是人们对某种竞赛基本规律的认识和应用水平的反映；同时比赛阵型也是五人制足球战术方法应用的外在表现，它也是区别十一人制战术方法的主要因素。

依据比赛开始前和比赛中人员的位置、组合结构、功能以及运用特点等因素，把五人制足球比赛中常用阵型归纳为5种，分别是1-2-2、1-3-1、1-4-0、1-2-1-1、1-1-2-1；另外，还有2种在特殊情况下使用的阵型，即1-1-3、0-1-2-2（图1-48）。

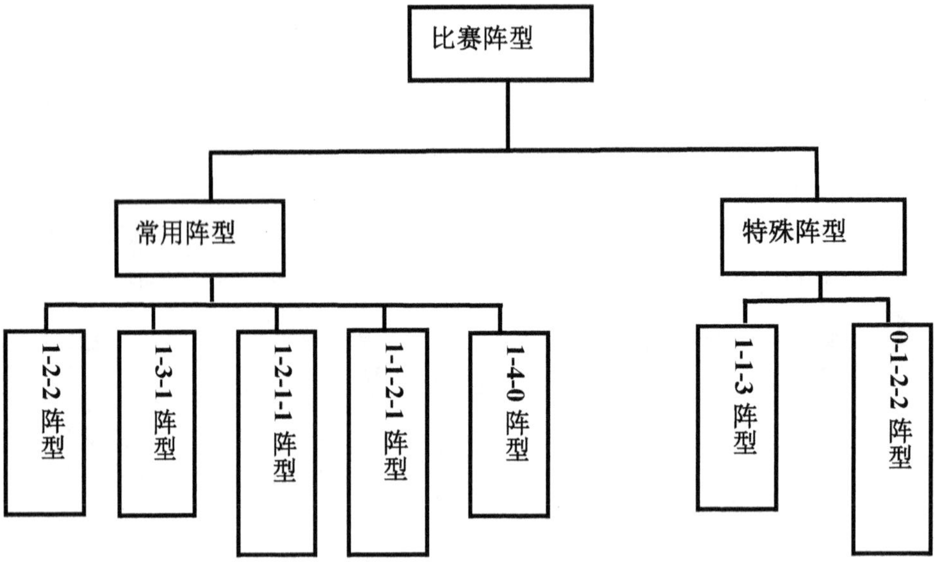

图1-48 比赛阵型分类

在五人制足球比赛中以1-2-2、1-3-1、1-4-0为主要的比赛阵型。但是比赛中阵型的应用往往不是一成不变的，它会随着本队上场球员的特点、对手换人情况与双方实力、比赛时段、比分变化，而采取相应的变化。实际比赛中，一支五人制足球队在同一场比赛中经常是混合使用以上2~3中比赛阵型。这也是五人制足球比赛特征与十一人制足球比赛特征中最大的区别之一。

在现代五人制足球比赛中，由于个人防守技术和整体防守战术的迅速提高，使球员在进攻过程中始终要面对压力，因此能够发挥高效率的轮转跑位和摆脱局部防守压力的战术安排就成了现代五人制足球阵型发展的两个重要条件，同时这也是高水平五人制足球队伍战术变化和阵型运用的主要特征。

（一）1-2-2比赛阵型

1. 概念

1-2-2阵型是由两名后场球员和两名前场球员组成的2-2站位形式。它是五人制足球运动发展中最基本的一种比赛阵型，它包含了五人制足球里面常用的进攻办法。

2. 特征

在对初学者或青少年进行五人制训练时经常被采用，它可以锻炼球员的一对一能力，同时也可以使队员有效掌握一些最基本的进攻移动方法。实际比赛中这种阵型可以使球员控制球场上更大的区域，并且运动员攻守中职责分工明确，攻守相对较为平衡。它也是防守过程中最常用的一种防守阵型。

3. 基本移动方法

中场②队员横传球给另一侧⑤号队员，之后沿直线向前跑动，和同场前场③号队员换位；⑤号队员接球后等另一侧前场③号队员跑回到传球的起始位置后将球传给他，再与同侧④号队员换位置并做相同的跑位（图1-49）。

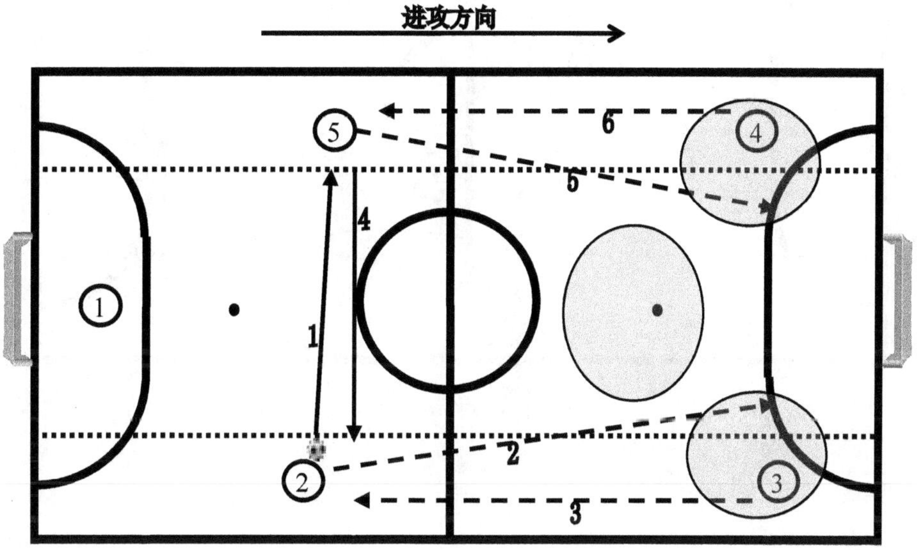

图1-49 1-2-2阵型移动基本线路图

（二）1-3-1比赛阵型

1. 概念

1-3-1阵型是由1名前锋队员和3名组织接应队员组成的阵型结构，它是五人制足球比赛中最常用的一种比赛阵型，它对位置技战术要求高。

2. 特征

1-3-1比赛阵型把1名前锋设置在前场、3名组织队员分布在后场，给控球队员提供了至少2个传球的可能，这种三角形的接应关系利用各种跑位，使1-3-1阵型进攻移动中的变化更多。它主要依靠两种进攻方式，（1）以后场3名组织球员的轮转移动创造向前传球的空当和机会；（2）利用前场球员接球后摆脱射门或是回传给跟进接应的队员完成进攻。它比第一种阵型1-2-2更加灵活。

3. 基本移动方法

后场传跑的基本移动方式是：中路②把球传给左边④球员后，从④的前面或后面跑过去，④接停球后向中路运球并将球传给右边③队员，并做②相同路线的跑位。前锋⑤队员可以随球移动伺机接球，也可以做牵引跑位，跑向球的另一侧，为向前插上队员创造纵深空间（图1-50）。

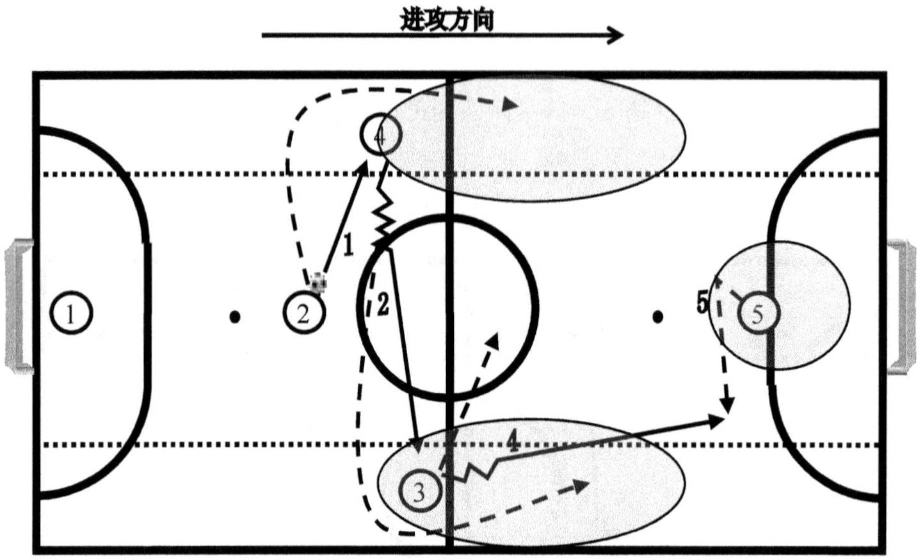

图1-50 1-3-1阵型移动基本线路图

（三）1-4-0比赛阵型

1. 概念

这个阵型中没有前锋队员，4名场上队员以平行站位或前后站位的队形为主，通过不断地无球跑动，创造比赛进攻机会。

2. 特征

1-4-0战术目的更多是用于全场或半场人盯人防守战术，当对手实施紧逼盯人时，或是当对手的防线向前推进后，1-4-0战术可以通过利用对手身后纵深空当，实施渗透性传球和突破。这个阵型在实际比赛中，更多的被用在中场区域和进攻的发展过渡阶段，其利用快速的、预先设计好的进攻移动套路，可以有效的创造出更多的向前进攻机会。

3. 基本移动方法

此阵型的跑动路线基本上与2-2轮转一样，但是它没有前锋队员，4名队员距离比较集中，形成平行站位或前后方形站位。此阵型允许位置的改变。4-0阵型中队员常用轮转跑位方法完成进攻组织过程（图1-51）。

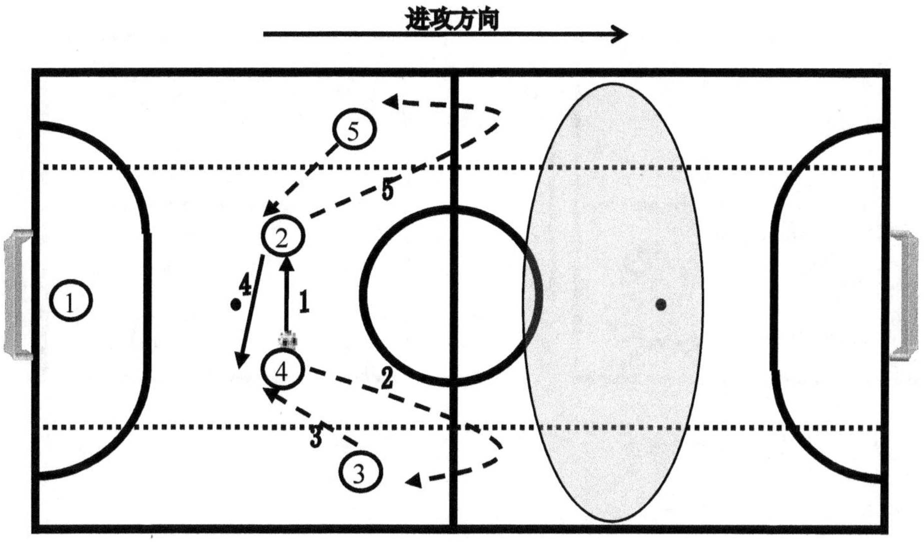

图1-51 1-4-0阵型阵型移动基本线路图

二、全队进攻战术

（一）全队2-2进攻战术

2-2进攻战术是基于1-2-2阵型基础上实施的。它是由2名后场队员和2名前场队员组成基本站位，战术配合方法有：边路传球给前锋战术、中路传前锋配合、轮转跑位配合、前锋回撤中场配合等。

2-2战术配合要点：（1）中锋做摆脱回撤接应控球队员；（2）一脚直接传给前锋，并迅速靠近接应；（3）这种配合方式主要是利用防守队员身后空当创造进攻机会。

1. 边路传球给前锋

方法：进攻队员②将球沿边路传给④后，做变向跟进接应，接球后将球再传给包抄后门柱的⑤完成射门（图1-52）。

2. 中路传球给前锋

方法：控球队员②将球传给靠近接应的③，③直接将球传给前锋④并做变向跟进，将球传给包抄后门柱的⑤完成射门（图1-53）。

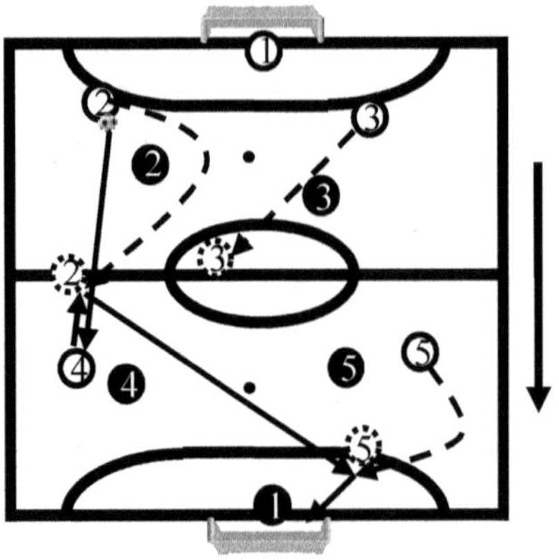

图1-52 2-2边路传跑配合

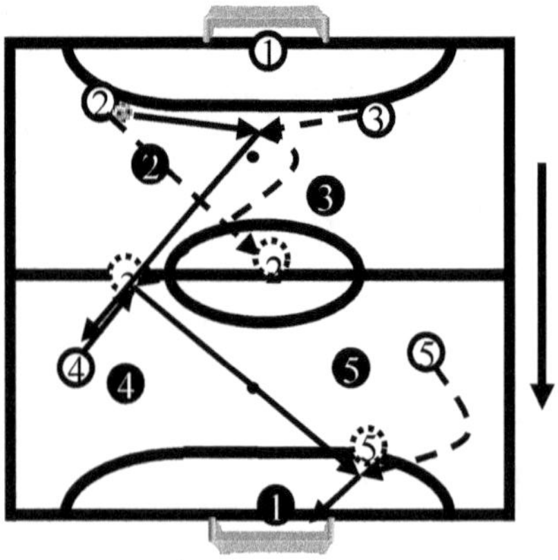

图1-53 中路传跑配合

（二）全队3-1进攻战术

3-1进攻战术是基于1-3-1阵型基础上实施的。它是由3名后场队员和1名前场队员组成基本站位，战术配合方法有边路斜线跑配合、变向跑前插配合、轮转跑位配合、直传前锋配合等。

3-1战术配合要点：（1）利用各种摆脱跑技术进行先摆脱、后接应；（2）前锋队员不能与前插队员跑向同一位置；（3）时刻准备向前锋传球，如果没有机会继续做传跑配合；（4）注意保持队形，要有起保护作用的队员。

1. 边路斜线跑

方法：控球队员④将球传给②后做斜线前插跑位，同时前锋⑤回撤到边路接应②，②接球后可以选择将球挑传给④、或传给边路⑤（图1-54）。

2. 变向跑前插

方法：控球队员②将球传给边路③后做变向跑前插到同侧边路，③将球挑传给②，同时③跟进到中线附近负责防守任务，④跟进并策应②，②接球后将球传给包抄后门柱的⑤完成射门（图1-55）。

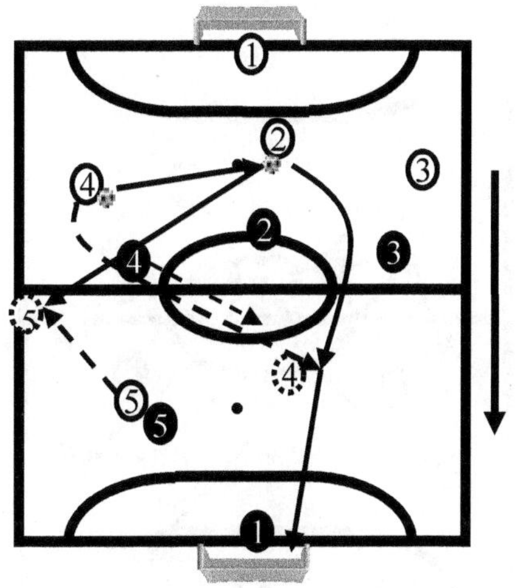

图1-54 边路斜线跑配合

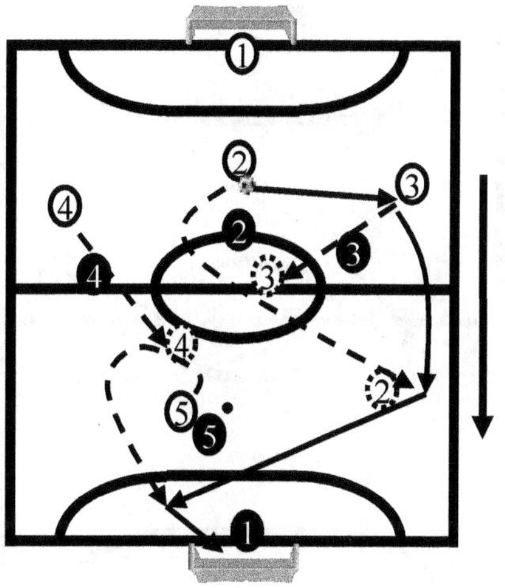

图1-55 中路变向跑配合

（三）全队4-0进攻战术

4-0进攻战术开始队形多以平行或倒梯形的2-2前后站位为主，跑动接应的基本模式是四角交叉或平衡协同跑位为主，即通过3名无球队员的连续跑位，占据第一及其他接应队员跑位后留下的第二空当接球，使队形尽量保持成一个近似长方形或梯形的结构（图1-56）。

4-0战术配合要点：（1）第一名跑位队员必须是对控球队员的接应；（2）4名队员的距离不能过大，否则容易被局部围抢夹击；（3）利用向对手身后空当传球创造进攻机会；（4）进攻中注意攻守平衡，必须要有防守保护和策应队员。

1. 后排控球战术

方法：控球队员③将球传给②后向反方向边路斜线跑前插，④回撤到③位置策应接球，⑤向另一侧边路④位置斜线跑前插接应，控球队员②可以选择③或⑤传球（图1-56）。

2. 前排控球战术

方法：前插接应，⑤向有球侧④位置考虑策应，控球队员④可以选择②或⑤传球（图1-57）。

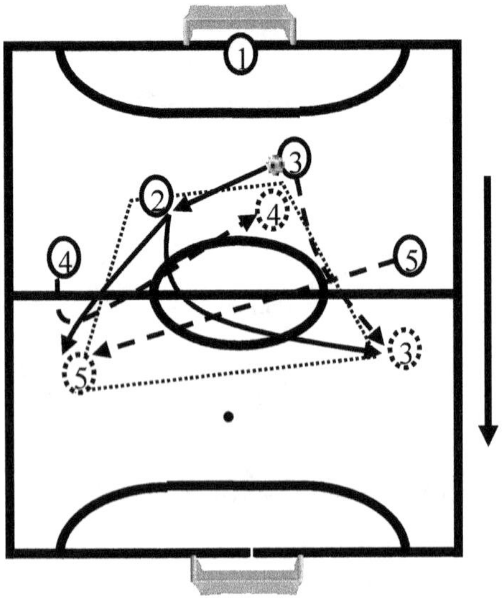

图1-56 后排控球战术

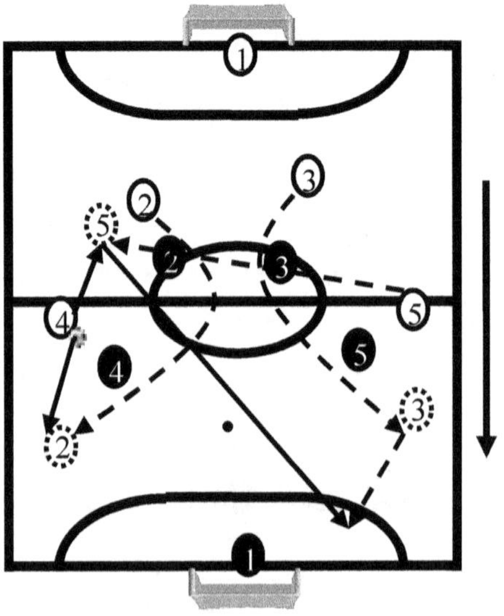

图1-57 前排控球战术

三、全队防守战术

五人制足球全队防守战术包括：人盯人防守战术、区域盯人防守战术和混合防守战术三种类型。在高水平五人制足球比赛中，以人盯人防守和混合防守战术为主，一般只有在特定情况下（一方被罚下一人或守门员作为自由人使用时）才运用区域防守战术。

（一）全队盯人防守战术

1. 概念

五人制足球人盯人防守战术是指比赛防守过程中，每名防守队员与自己专门负责盯防的对象进行一对一争夺的一种防守组织形式。

2. 特征

全队盯人防守战术的重点不是直接针对“球”的争夺，而是防守队员对进攻方“人”的控制。

3. 方法

当守门员发门球时，守方每名队员盯防一名进攻队员，这时攻方守门员一般会将球抛传给前插的队员，防守方③必须回撤在内线追盯自己的人，并尽力封堵和抢断守门员的传球（图1-58阴影）；而防守队员⑤可以选择在攻方❺身前选位，封堵和抢断守门员的传球，或者身后选位，阻止其拿球转身、或迫使其向边路运球（图14-58阴影）；①守门员必须离开球门线站于球门区6米线附近，防止对手向角球区的长传球，便于出击补防；如果攻方❷和❹进行交叉跑位接应时，守方④可以指挥②进行换防（图1-58阴影）。

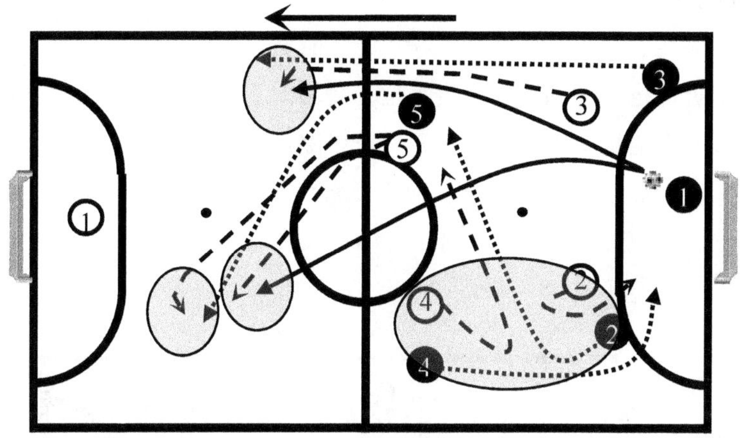

图1-58 2-2全场紧逼盯人

（二）全队区域防守战术

1. 概念

五人制足球区域防守战术是指队伍由攻转守时、或以少放多时，迅速退回自己的防守半场，每一名防守队员负责固定区域的防守任务，进攻方谁进入该区就由他负责盯防的一种防守组织形式。

2. 特征

全队区域防守战术是五人制足球比赛中最常用的一种全队防守组织形式。它的防守优势在于压缩中路防守区域和封锁向中路传球的线路，同时，有效的保护了门前重点区域；这种战术也给对手在外围留下了过多的空间用来控球（图1-59）。

图1-59 1-2-1整体区域防守

3. 1-2-1区域防守战术

防守方在本方采用1-2-1站位，四名防守队员根据球的位置选位，当攻方中路队员控球时，防守队员③靠近逼抢，②和④在身后落位，封堵对手向中路传球的路线；当攻方左侧队员控球时，同侧②靠近逼抢，中路③回撤并保护中路区域和封堵传球路线，无球侧④选择错身站位，保护②和③身后空当；防守中⑤始终要选择前锋身前站位，堵截和抢断给前锋的传球（图1-60）。

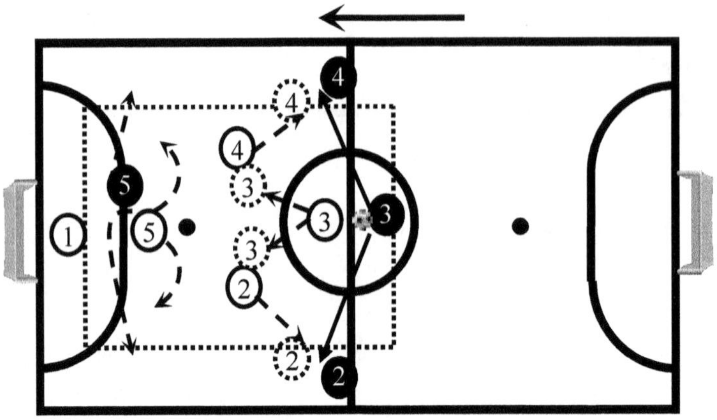

图1-60　1-2-1防守战术练习图

（三）全队混合防守战术

1. 概念

五人制足球混合防守战术是指比赛中过程中，队员在一次防守过程中将人盯人与区域防守同时使用的一种整体防守战术组织形式。

2. 特征

在实际的五人制足球比赛防守过程中，任何一种防守战术的应用，都不是一成不变的，它们之间是循环、交替使用的过程。五人制足球防守战术中典型的混合防守战术有关闭中场战术、2-2混合防守和1-3混合防守战术方法（图1-61）。

图1-61　混合防守战术（2-2防守战术）

3. 方法

（1）2-2混合防守战术

当攻方采用2-2队形进攻时，防守方②和③在中场采用保护中路的区域防守，如图1-62中1区，②靠近逼抢时、③保护中路，③靠近逼抢时、②保护中路；④和⑤在球门区附近采用人盯人的防守，图1-62中2区。

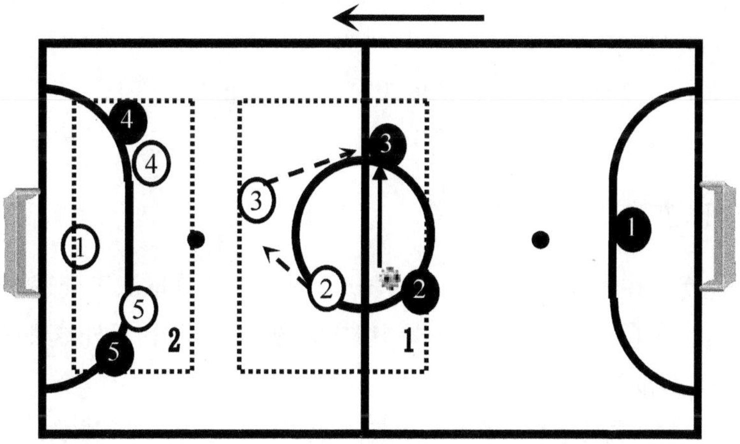

图1-62　2-2混合防守战术图示

（2）1-3混合防守战术

当攻方采用3-1队形进攻时，防守方采用1-3防守队形的防守方法。②、③、④在中场执行保护中路的区域防守方法，图1-63中1区；而⑤在球门区附近采用人盯人的防守方法，图1-63中2区。

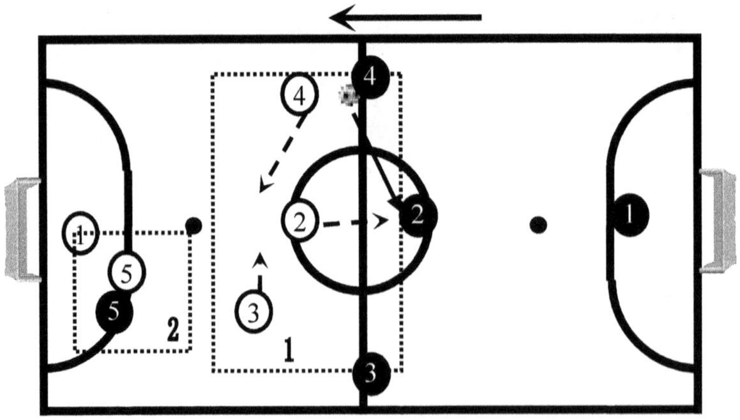

图1-63 1-3混合防守战术

四、定位球进攻战术

五人制足球比赛中的定位球进攻，一般多指前场界外球、任意球和角球三种定位球进攻形式。

定位球进攻战术的基本要点。

（1）每名队员应清楚不同类型的定位球落位特点、跑位特点和各自职责分工。

（2）在进攻落位的基础上，可以根据防守队形，灵活的采用进攻战术。

（3）队员的无球跑位，尤其是前锋队员的摆脱跑位技术至关重要，包括变向跑、回撤跑、迂回跑、折线跑等技术。

（4）实施定位球进攻时必须注意队形的攻守平衡，防止对手反击。

（5）实施定位球战术时，如果不能马上形成进攻机会，多以安全性传球为主。

（一）界外球进攻战术方法

五人制足球比赛中在本方半场获得界外球机会时，大部分球队不会运用界外球配合战术。只有在前场10米线（第二球点球）与球门线之间的区域获得罚界外球机会时，攻方才有可能采用界外球进攻跑位配合。

依据界外球进攻时队员的落位队形情况，它的组织形式包含了2-2战术、3-1战术、1-2-1战术、4-0战术（图1-64）。

图1-64　界外球进攻站位图

1. 2-2界外球进攻战术

方法： 进攻方采用2-2队形开始，前锋⑤做回撤接球突然向左边路反切；④先向③靠近突然变向跑前插到中路；③运用过顶挑传球给④，④运用侧身跑接球，并完成射门；②做回撤跑到中线保持队形平衡（图1-65）。

要点：（1）④与⑤是第一动队员，利用变向跑摆脱接应；（2）③挑传球一定过顶，防止对手断球后反击；（3）②队员必须回撤，保持攻守平衡，吸引防守队员离开原位，为同伴创造后点接球空间。

2. 3-1界外球进攻战术

方法： 进攻方采用3-1队形开始，首先由③将球传④后，做一个挡拆动作停顿一下后，跑向后门柱前插；同时⑤迅速向边路回撤接④的传球；④与⑤做一个二过一配合，并接⑤的回传球完成射门；②向中路回撤跑到中线（图1-66）。

要点：（1）③队员挡拆后，要向门前内切，但要有停顿，保持节奏；（2）④队员依据⑤和③两名队员位置选择传球目标；（3）②必须回撤做保护平衡。

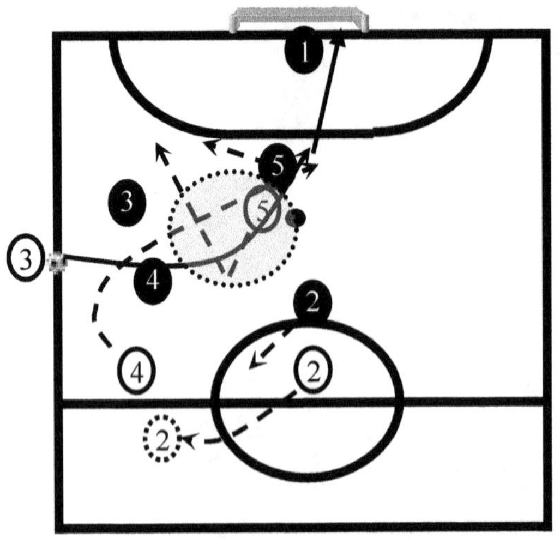

图1-65　2-2界外球战术

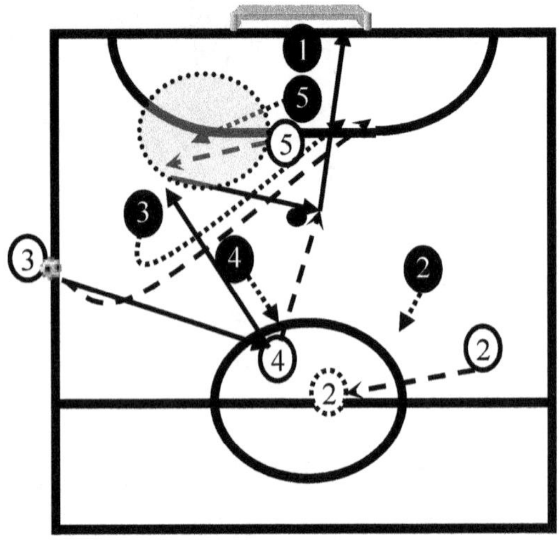

图1-66　3-1界外球战术

3. 1-2-1界外球进攻战术

方法：进攻方采用1-2-1队形开始，首先由④做变向跑接③的传球后，将球一脚传给摆脱回接的前锋⑤，④与⑤做一个“墙式”二过一后，由④将球传给向后门柱包抄的②，并由②完成射门；③传球后回撤跑到中线（图1-67）。

要点：（1）④队员为第一动，做变向跑接应；（2）③队员注意传球力量适中；（3）⑤队员接球前，先做纵深摆脱，为接球创造出空间；（4）②队员注意不要直接跑向后门柱，应先做向内的跑动，突然变向前插。

4. 4-0界外球进攻战术

方法：如图1-68，进攻方采用4-0队形开始，首先由②变向跑前插把中路防守队员带走，这时④向侧前方跑位到防守队员身前，给⑤做挡拆掩护；⑤摆脱跑位，接③传球，并直接完成射门；③传球后迅速回撤到中线附近。

要点：（1）②队员是第一动，接应队员；（2）④队员是第二动，为同伴做挡拆配合，之后注意内切跑向远端门柱接球；（3）⑤队员注意掌握接球时机，跑动不要太早。

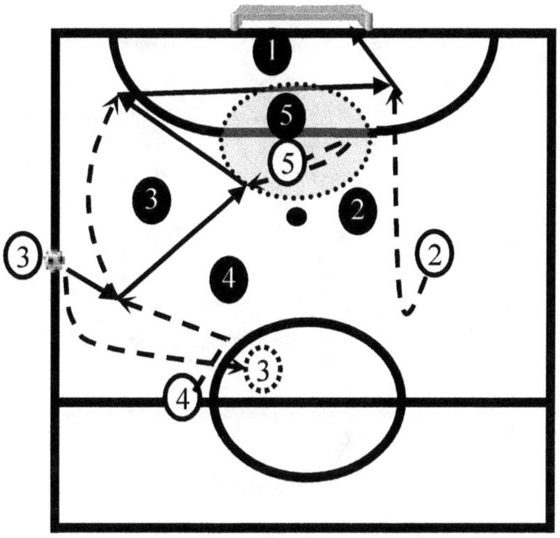

图1-67 1-2-1界外球进攻战术

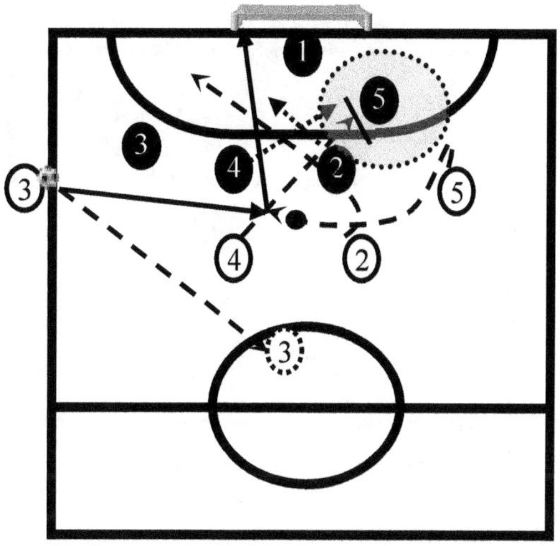

图1-68 4-0界外球进攻战术

（二）任意球进攻战术方法

在实际比赛中可以依据三个原则，（1）安排前场任意球进攻战术：远端门柱为射门的目标、射门时要有包抄队员跟进补射；（2）尽量避开人墙封堵的一侧、传给射门角度更大的队员射门；（3）根据人墙的数量（防守队形），选择战术配合形式。

依据比赛中前场任意球进攻时队员的落位队形情况，它的组织形式也包含了2-2战术、3-1战术、1-2-1战术、4-0战术。

1. 2-2任意球进攻战术

方法：采用2-2队形开始，先由进攻队员③做假踢，跑到防守队员身侧前做掩护；②将球传给做折线摆脱回撤接应的④，并完成射门；⑤包抄补射（图1-69）。

要点：（1）③队员可以选择防守方❸或❹挡拆掩护；（2）⑤队员注意包抄远端门柱的时机；（3）④队员一定要先做折线摆脱跑，之后将球射向远端球门柱。

2. 3-1任意球进攻战术

方法：进攻方采用3-1队形开始，先由进攻队员②做假踢，向门前跑位；同时⑤将球传给④；④将球传给做横向摆脱接应的③，并与③做二过一配合；④接球后完成射门；②在远端门柱包抄补射（图1-70）。

要点：（1）②和③队员同时跑位；（2）④队员依据场上情况，选择将球传给②和③，或者选择直接射门。

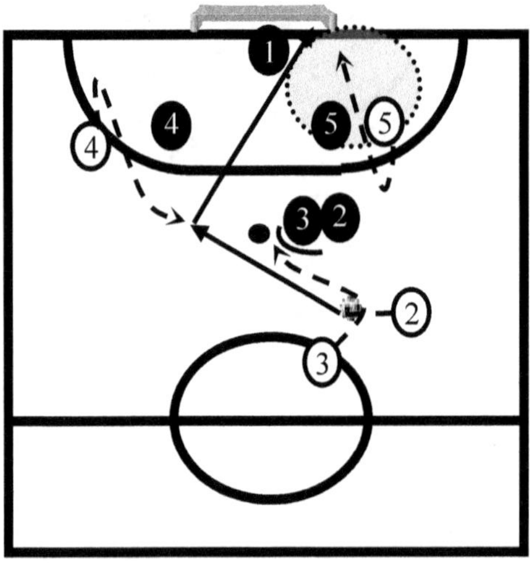

图1-69　2-2任意球进攻战术

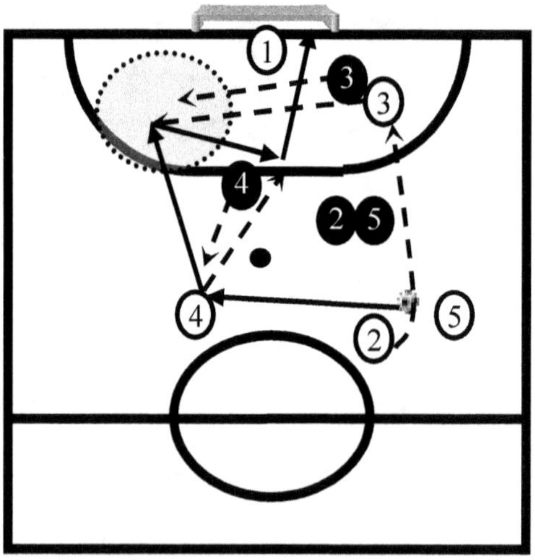

图1-70　3-1任意球进攻战术

3. 4-0任意球进攻战术

方法：进攻方采用4-0队形开始，先由进攻队员③和④做交叉跑位，并运用挡拆战术，阻挡在防守队员身前，同时位于后点的⑤做迂回跑，接②传球直接完成射门（图1-71）。

要点：（1）③和④两名队员同时跑位先做挡拆，并且要有停顿，之后再做内切接应；（2）⑤队员可以直接射门，或依据情况将球再传给内切接应的③或④；（3）②队员注意回撤中路保护平衡。

4. 1-2-1任意球进攻战术

方法：进攻方采用1-2-1队形开始，先由进攻队员③、④同时向前跑动；②选择一侧传球，接球队员尽量直接完成射门；同时⑤补射（图1-72）。

要点：（1）③和④应同时跑动接应；（2）⑤队员选择后门柱包抄，或为射门队员做挡拆配合。

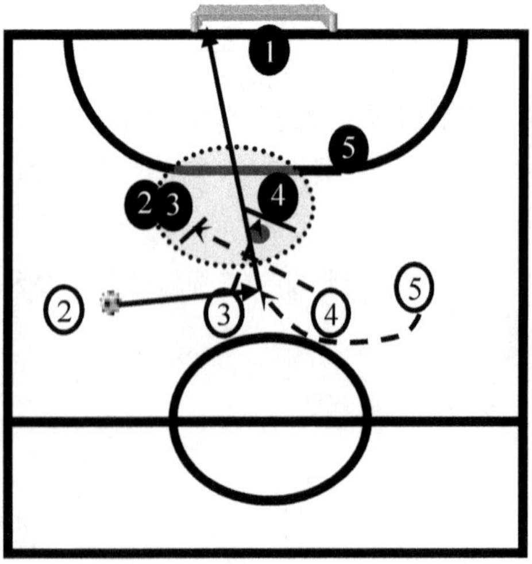

图1-71　4-0任意球进攻战术

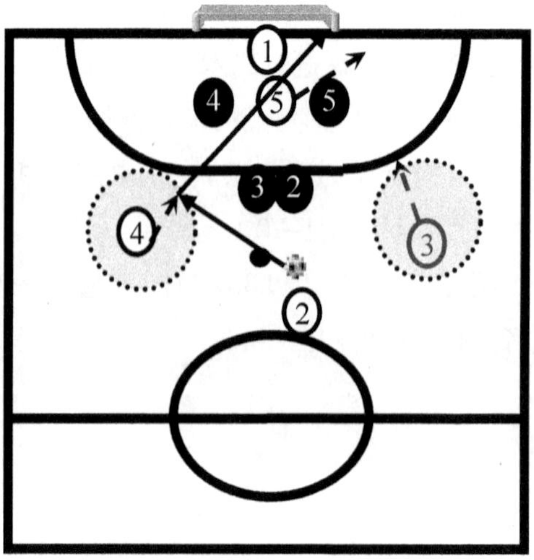

图1-72　1-2-1任意球战术

（三）角球进攻战术方法

1. 包抄进攻战术

方法：进攻方由3名队员完成配合，一般分为1人传、2人包抄，或2人传、1人包抄两种形式（图1-73）。进攻方②将球传给靠近接应的③，③直接将球传到球门区内；与此同时，攻方⑤向门前包抄抢点射门；④稍向边路移动，马上回撤，起防守保护作用。

要点：（1）③和④队员同时移动迷惑对手；（2）③队员也可以选择假射门将球漏给④，之后去挡❹防守队员；（3）⑤队员先向4号防守队员做一个挡拆动作，之后内切到中路包抄射门。

2. 二过一配合战术

方法：进攻方②将球回传给③，③接停球后，④队员做回撤摆脱接应③队员，并将球漏给在球门区角做折线摆脱接应的②；同时④转身前插接②的回传球，并完成射门；⑤在中路做折线摆脱跑位，吸引中路防守队员注意力（图1-74）。

要点：（1）③队员要把握好向底线传球的时机；（2）④队员的漏球注意隐蔽性；（3）②队员的回撤接应之前必须向中路做变向摆脱跑位；（4）⑤队员注意做拉开跑位，为队友内切创造空间。

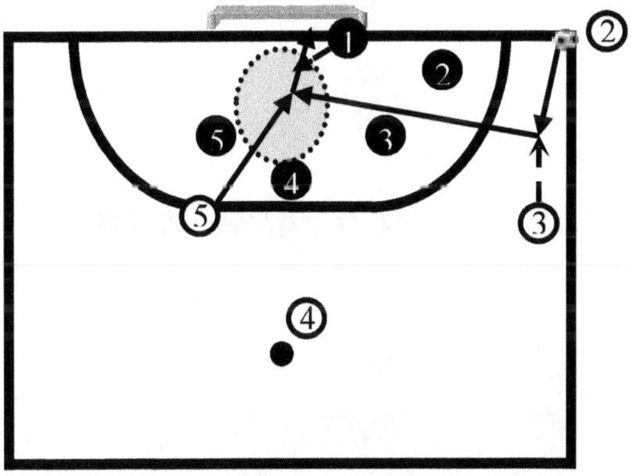

图1-73 角球包抄进攻战术

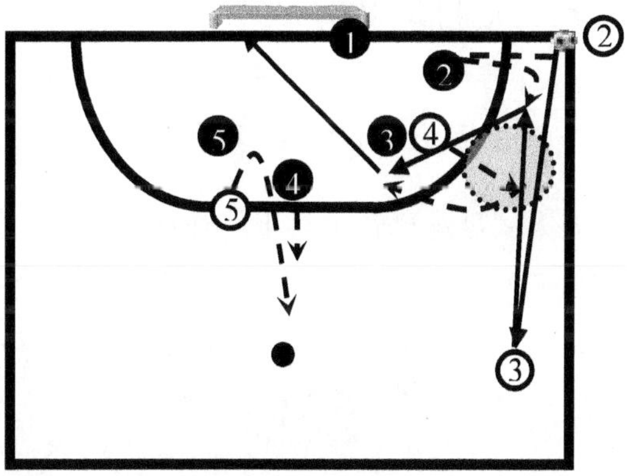

图1-74 角球二过一配合战术

3. 一传一射进攻战术

方法：攻方③先做接球跑，之后向门前做变向跑接应，把防守队员吸引走；同时⑤向前点跑动接②传球，并完成射门，④做迂回跑，回到中场；如果接应队员都被对手紧盯，那么罚球队员可以将球传回给守门员，重新组织进攻（图1-75）。

要点：（1）③④⑤三名进攻队员同时跑位；（2）③队员连续做两个挡拆，分别挡防守队员❸和❹，为⑤队友射门创造机会；（3）④队员先做内切之后回撤中场。

4. 挑传配合进攻战术

方法：攻方3名队员同时跑位接应，③先做接球跑，之后向球门侧做变向跑；④从球门区内先假抢点，之后回撤到外围；⑤在球门区外先做接球跑，之后变向跑后点包抄射门；②利用过顶挑传球将球传给⑤（图1-76）。

要点：（1）③队员第一动接应内切射门，之后反身站守门员身前遮挡视线；（2）④队员回撤保护平衡；（3）②队员一定将球挑传过防守队员，将球传到异侧球门区线区域；（4）不同区域的角球，选择相对应强势脚的射门队员。

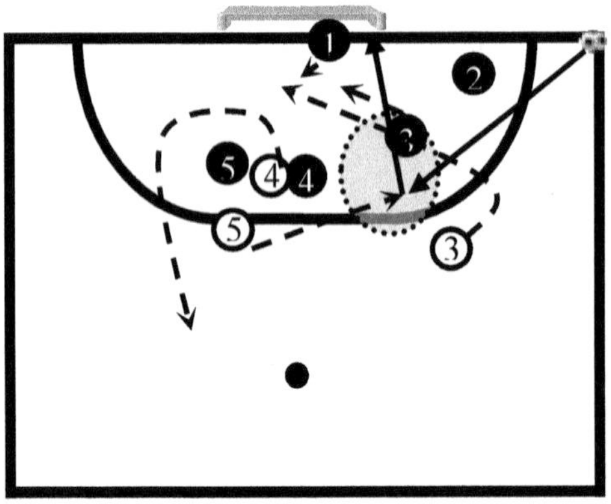

图1-75 一传一射进攻战术

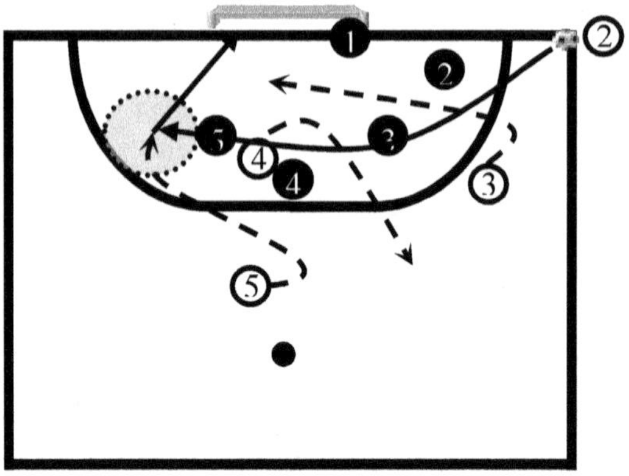

图1-76 挑传后点进攻战术

五、定位球防守战术

（一）界外球防守战术方法

五人制足球比赛中对于界外球的防守一般分为前场界外球和后场界外球防守两种（图1-77）。

图1-77 界外球防守图

1. 前场界外球的防守

前场界外球的防守在全场紧逼的防守战术中运用较多，并且只有在比赛过程中的局部时间段才会采用。防守的基本形式是运用人盯人的防守战术，即根据进攻人员位置进行人盯人选位；如果进攻方将球长传至前场，所有防守队员应快速回撤到本方半场进行区域防守（图1-78）。

前场界外球要点：（1）防守队形球线后站位，即防守方②作为第一防守队员应退到球线后站位；（2）第一线防守队员②③负责对位盯人，同时内线选位；（3）二线无球侧⑤防守队员内线选位，人球兼顾，同时保护一线和三线之间空当；（4）④位于防线最后，对进攻队员进行贴身紧逼，同时内线选位。

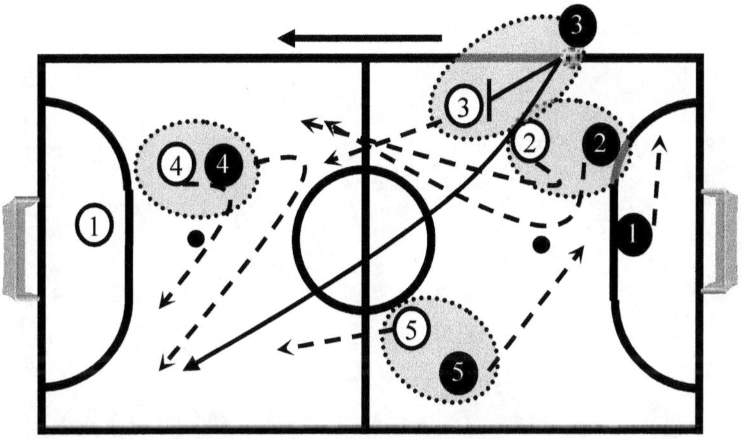

图1-78　前场界外球防守战术

2. 后场界外球防守战术

以关闭中场和区域防守为防守选位的基本原则，选位的方法与职责分工（图1-79）。

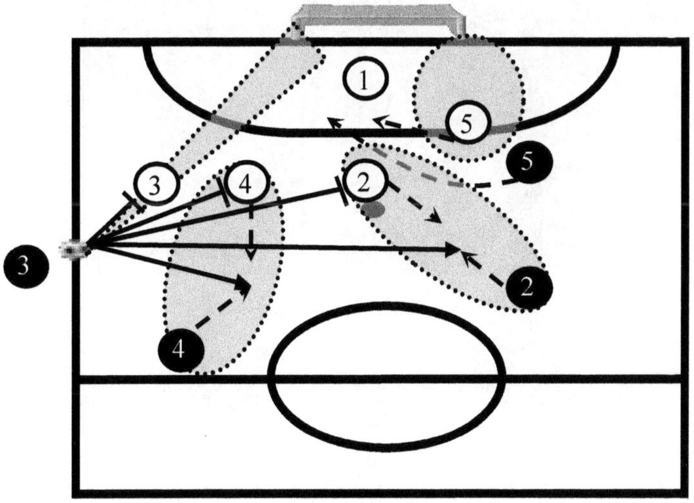

图1-79　后场界外球防守站位图示

后场界外球防守战术的选位与防守要点：（1）第一防守者③选位于球与同侧球门柱之间的直线上，以阻止对手直接向门前传球；（2）第二防守者④应站在③内侧的斜后方，一方面阻止对手向中路传球同时，兼顾对身前的进攻队员进行盯防；（3）第三防守者②位于④内侧中路区域，其保护③和④身后空当同时，负责对球门区正面中路区域的控制；（4）界外球发出之前，④和②依据关闭中路的保护原则选位；（5）⑤位于防线的最后，应站于远端球门柱附近，对手一旦挑传后点进攻时他起到了保护后门柱作用。（6）一旦进攻方将界外球发出，那么每名队员立即转变为人盯人防守。

（二）任意球防守战术方法

五人制足球比赛中的任意球防守，依据球的位置以及对手进攻队形的落位，防守方采用不同人墙与队形搭配的组合形式（图1-80）。

图1-80 任意球防守站位图

比赛过程中，防守方根据判罚的任意球区域，来选择排列人墙的数量，五人制足球比赛中人墙排列的方法如下（图1-81）。

1区：主要是指两个边路与中线附近的区域，这个区域任意球防守一般安排1名队员作为人墙。

2区：主要是指在第二球点球（10米线）附近排列人墙的方法，除守门员外，一般安排2名队员排墙，2名队员保护。

3区：主要是指在中路球门区线附近排列人墙的方法，除守门员外，一般安排3名队员排人墙，1名队员保护。

4区：主要是指在球门线附近排列人墙的方法，这时5名队员都要担当人墙的任务。其中守门员要根据球的位置，正对罚球人，并站在人前的前面一点来封堵直接射门。

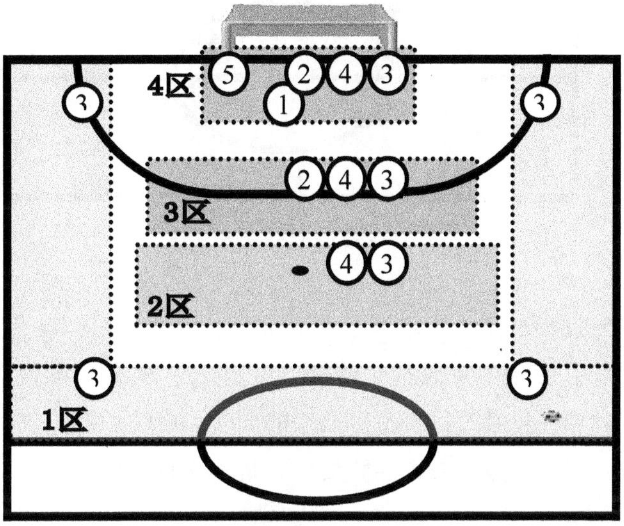

图1-81 任意球防守人墙

1. 2-2任意球防守战术

方法：2-2是防守定位球最常用的战术，2名人墙、2名保护队员；③作为第一防守队员，主要是阻止对手直接射门；④在③内侧，封堵对手射门的同时，盯防❹进攻队员的插上射门；②和⑤负责保护人墙身后区域、同侧门柱区域以及当同侧进攻队员接球时负责盯人（图1-82）。

要点：（1）两名人墙队员，③不移动位置或转身，只是负责封堵射门，④随时封堵对手的横传球；（2）先区域防守策略，球罚出后变成人盯人；（3）守门员离开球门线，有利于更多封堵角度。

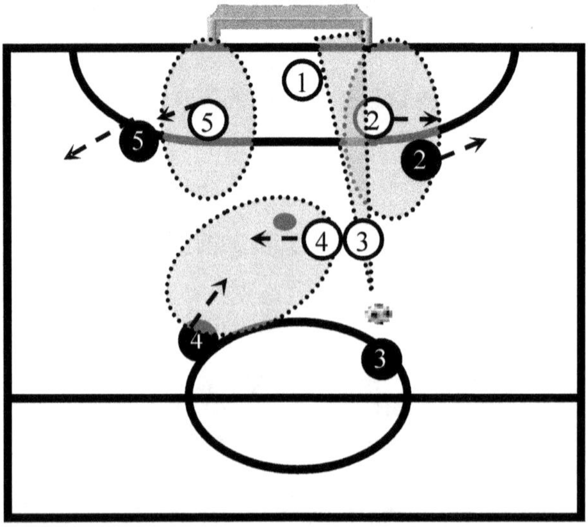

图1-82 2-2任意球防守站位

2. 1-3任意球防守战术

方法：当对手采用3-1进行队形时，防守方可选择1-3站位（图1-83）；③作为第一防守队员，主要是阻止对手直接射门；④负责挡墙的同时，盯防后排进攻队员的插上射门；②负责挡墙的同时盯防同侧边路插上助攻的队员；⑤负责保护人墙身后区域、同侧球门柱区域以及当同侧进攻队员接球时负责盯人。

要点：（1）②位于③外侧、并错身站位（不作为第一防守者），防止同侧对手前插偷袭进攻；（2）其他位置要求一样。

3. 2-3任意球防守战术

方法：当防守方在球门区内防守定位球时，根据情况可以选择2-3站位（图1-84）；③作为第一防守队员，主要是阻止对手直接射门；④作为人墙封堵对手射门的同时，盯防进攻队员的插上射门；①守门员作为人墙，扩大了封堵角度；②负责保护左侧门柱区域以及盯人；⑤负责保护右侧门柱区域以及盯人。

要点：（1）当进攻方将球传给中路队员射门时，④迅速上前封堵；（2）①守门员用滑步的方式，一边看球一边后撤回门前，其他位置要求一样。

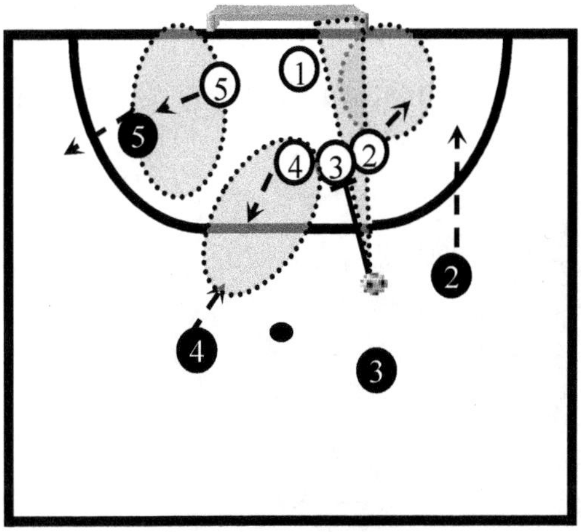

图1-83 1-3任意球防守站位

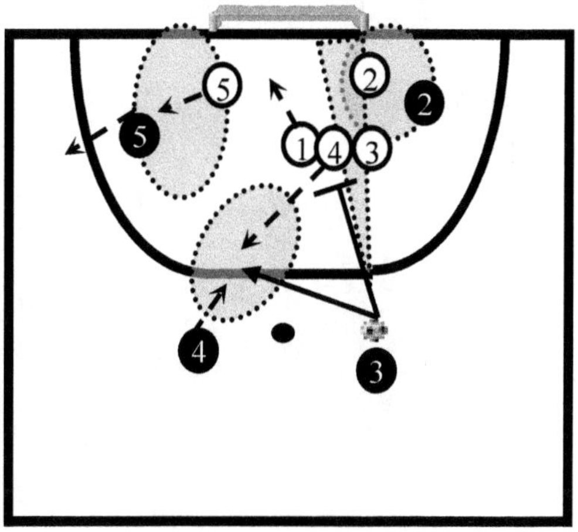

图1-84 2-3任意球防守站位

4. 4-0任意球防守战术

方法：当对手采用4-0进行队形时，防守方可选择1名人墙、3名保护队员选择对人站位（图1-85）；④作为第一防守队员，主要是阻止对手直接射门；③作为第二防守者，封堵射门的同时，盯防同侧进攻队员插上射门；②负责保护人墙身后和球门区中路区域以及盯防助攻队员；⑤负责保护后门柱区域以及盯人。

要点：（1）防守队员选位应遵守球线后防守原则；（2）主要运用区域防守战术，球一旦罚出，再进行相应战术变化；（3）防守任务分工明确，注意攻方运用挡拆进攻战术配合。

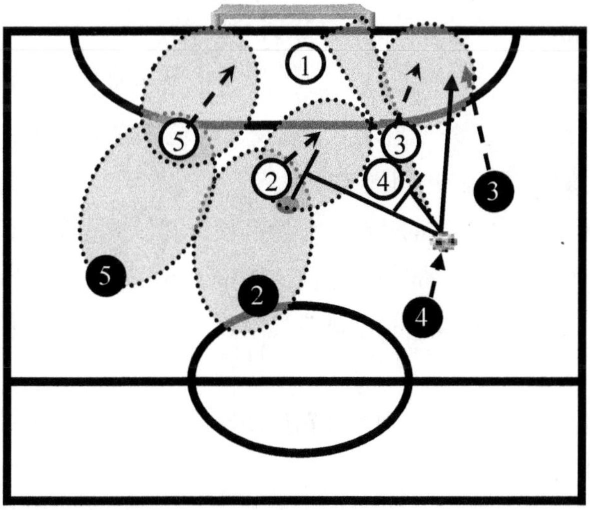

图1-85 4-0任意球防守站位

（三）角球防守战术方法

五人制足球比赛中角球防守的一般组织形式，是由1名挡墙队员、3名保护盯防队员组成（图1-86）。

图1-86 角球防守站位

角球防守战术的选位与防守要点（图1-87）

（1）第一防守者③位于角球区5米，并离开球门线半个身位，这样更有利于防守队员封堵对手向球门前传球线路，另外球发出前，不进行移动盯人。

（2）第二防守者④应站在③外侧的斜后方，一方面阻止对手向中路传球，同时兼顾对进入身前区域进攻队员的盯防；另外如果攻方进行交叉跑位，守方④和②进行交换防守，④不能轻易离开前点防守区域（图1-87小阴影部分）。

（3）第三防守者②位于④身后的球门区中路区域，其保护④身后和球门前空当，同时负责对球门区正面中路区域的控制；角球发出之前，④和②必须依据关闭中路的保护原则选位。

（4）⑤位于防线的最后，应站于远端球门柱附近，对手一旦挑传后点进攻时他起到了保护后门柱作用。

（5）守门员①在防守角球时，必须站在罚球侧球门柱外侧，防止对手向前点大力射门时守门员自己将球撞进球门。

（6）进攻方角球一旦发出，防守队员应立即由区域防守转换成人盯人防守或关闭中路的区域防守方法。

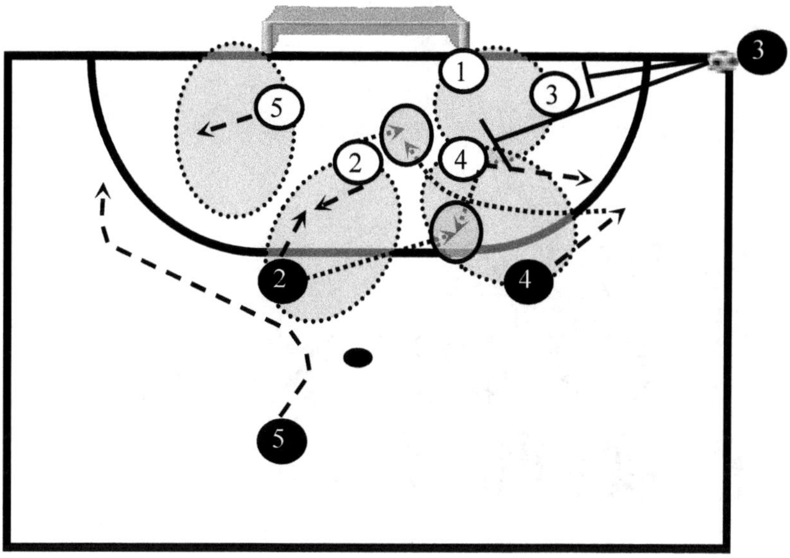

图1-87　角球防守练习站位

第二章 五人制足球竞赛规则简介

第一节 比赛场地

一、场地表面

●根据竞赛规程，比赛应该在表面平坦、光滑而不粗糙，场地表面最好用木材或人造材料制成。应避免使用混凝土或柏油表面。

●人造草皮场地只在特殊情况下允许使用，且仅限于国内比赛。

二、场地标记

●比赛场地必须为长方形并且用线标明。这些画线属于其标示区域的一部分，并且必须明显区别于场地颜色。

●两条较长的边界线叫边线，两条较短的线叫球门线。

●比赛场地被中线划分为两个半场，中线与两条边线的中点相交。

●在中线的中点做一个中心标记，以其为圆心、3米为半径画一个圆圈。

●在比赛场地外，距离角球弧5米且垂直于球门线处做一个标记，以保证在踢角球时守方队员能遵守规定的距离。此标记的宽度为8厘米。

●在距两个第二罚球点左右5米处的场地上必须标明另外两个标记，以明确在从第二罚球点罚球时队员退后的最小距离，此标记的宽度为8厘米。

三、场地度量

● 边线的长度必须大于球门线的长度。

● 所有画线的宽度必须为8厘米。

● 非国际比赛的度量（表2-1）

表2-1 非国际比赛的度量

长度（边线）	最小	25米
	最大	42米
宽度（球门线）	最小	16米
	最大	25米

● 国际比赛的度量（表2-2）

表2-2 国际比赛的度量

长度（边线）	最小	38米
	最大	42米
宽度（球门线）	最小	20米
	最大	25米

● 场地主要标志量度（图2-1）

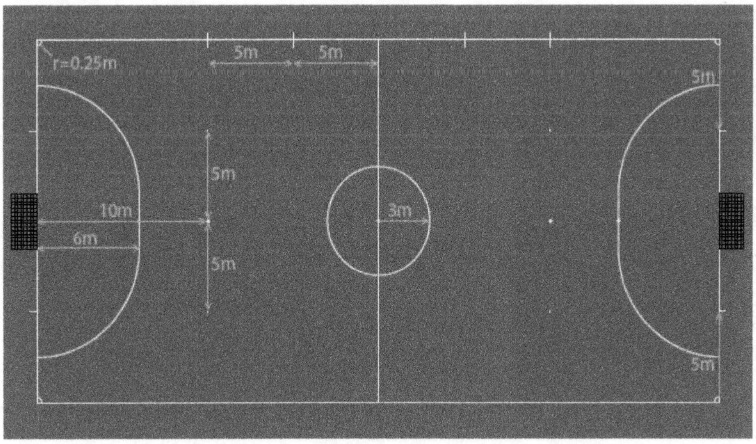

图2-1 场地主要标记量度图

四、罚球区

● 从两球门柱外沿并垂直于球门线向场内画两条长度为6米的假想线。在这条线的末端，以6米为半径从球门柱的外沿朝最近的边线方向画一个1/4圆。两个1/4弧的上部与一段长3.16米的直线相连接，此直线与球门线平行。由这些线和球门线围成的区域，即为罚球区。

● 在两个罚球区内，从两球门柱之间的中点，垂直于球门线向场内6米处标记一个罚球点，该罚球点与两球门柱等距。

●罚球区主要标记量度（图2-2）

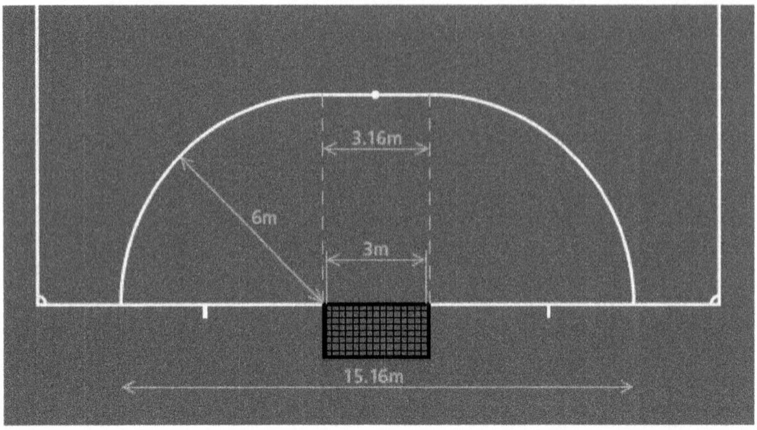

图2-2 场地主要标志量度图

五、第二罚球点

从两球门柱之间的中点，垂直于球门线向场内量10米做一个标记，为第二罚球点。

六、角球弧

在比赛场地内，以距每个角25厘米为半径画一个1/4圆。

七、球门

●球门必须放置在每条球门线的中央。

●球门由两根等距于两个角且直竖的门柱并与其顶部的一水平横梁连接组成。球门柱和横梁必须由木头、金属或者其他被许可的材质制成。它们必须为方形、长方形、圆形或椭圆形并且不会危及运动员。

●两根球门柱（内侧）之间的距离为3米，从横梁的下沿至地面的距离为2米。

●两门柱和横梁的宽度与厚度相同，均为8厘米。球门网必须由大麻、黄麻、尼龙或其他被许可的材料制成，系在球门柱及横梁的后部上，用适当的方式做支撑。球门网必须合理地被撑起来并不得干扰守门员。

●球门柱和横梁的颜色必须与比赛场地颜色不同。

●球门必须有固定系统以防止翻倒。可以使用移动球门，但仅可在满足以上要求的情况下使用。（图2-3）

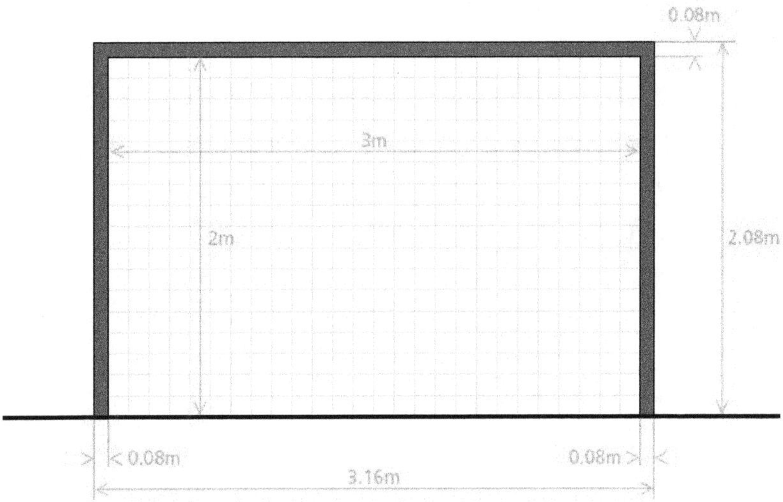

图2-3　五人制足球门

八、替换区

● 替换区设在双方比赛队替补席前面的边线外。

● 两替换区分别位于技术区域前，长度为5米。由两条长80厘米、宽8厘米的直线标记，其中40厘米在场内，40厘米在场外。

● 替换区位于计时台前距中线两侧各5米处，且保持畅通。

● 球队的替换区位于该队防守半场一侧，在比赛下半场或加时赛下半场须交换。

第二节　球

一、质量和测量

● 球：圆形，用皮革或其他被许可的材料制成。

● 圆周不小于62厘米、不大于64厘米。

● 在比赛开始时重量不小于400克、不大于440克。

● 气压相当于海平面0.6~0.9个大气压力（600~900克/平方厘米）。

● 当球从2米的高度下落，其初次反弹的高度应不低于50厘米或高于65厘米。

二、破损球的更换

● 如果球在比赛过程中破裂或损坏，则停止比赛：用新球在原先球破损时所在地点以坠球方式重新开始比赛，除非比赛停止时球在罚球区内，在这种情况下，应由其中一名裁判员在距球破损位置最近的罚球区线上，用新球以坠球方式恢复比赛。

● 如果球在踢无人墙的直接任意球、第二罚球点球或者罚球点球踢出的过程中破裂或损坏，且在这个过程中球没有触及球门柱、横梁或队员且没有违犯规则情况下，则应重踢。

● 如果球在开球、掷球门球、角球、任意球、罚球点球或踢界外球等比赛停止时破裂或损坏：按照室内五人制足球竞赛规则相应的规定重新开始比赛。

在比赛中未经过裁判员允许，不得更换比赛用球。

第三节　队员人数

一、队员

● 一场比赛应有两队参加，每队上场球员不得多于5人，其中一人必须为守门员。

● 如果任何一队少于3人则比赛不能开始。

● 在比赛中，任何一队在场上队员人数少于3人，比赛将被终止。

二、正式比赛

● 在由国际足联、洲际联合会或国家足协主办的任何正式比赛中，每场比赛最多可以使用9名替补队员。竞赛规程必须对替补队员的提名人数做出规定，但不多于9人。

● 比赛中替换队员次数不受限制。

三、其他比赛

在国家A级比赛中，最多可使用10名替补队员。在其他所有比赛中，只要符合下列条件即可使用更多数量的替补队员。

● 比赛双方就替补队员人数达成一致意见。

● 比赛前通知裁判员。

● 如果赛前没有通知裁判员，或双方未达成一致意见，替补队员人数不得超过10人。

四、所有比赛

在所有比赛中，无论队员或替补队员是否在场，他们的名单必须在比赛开始前交给裁判员。任何未及时提名的替补队员不能参加本场比赛。

五、替补程序

无论在比赛中或比赛停止时，队员可在任何时候进行替换。替换队员时必须遵守以下规定。

●除室内五人制足球竞赛规则规定的特例外，队员需经本队替换区域离场。

●替补队员只能在被替换队员已经离场的情况下方可进入场地。

●替补队员需经本方替换区域进入场地。

●当替补队员经本方替换区域进入场地即完成了替补程序，在此之前他需要将背心交给被替换队员；除非被替换队员不得不依据竞赛规则中的任何原因从其他区域离场，在这种情况下，替补队员应将他的背心交给第三裁判。

●从那时起，替补队员成为场上队员，被替换队员成为替补队员。

●被替换队员可再次参加该场比赛。

●所有替补队员无论上场与否，裁判员均有权对其行使职权。

●如果半场比赛被延长至允许执行完罚球点球、第二罚球点罚球或者踢无人墙的直接任意球，此时只有防守方的守门员允许被替换。

六、更换守门员

●比赛中任何替补队员都可替换守门员，而无需通知裁判员或等待比赛停止。

●任何场上队员可与守门员互换位置。

●场上队员和守门员互换位置必须在比赛停止时进行，并且必须在换位前通知裁判员。

●场上队员或替补队员替换守门员必须穿着守门员服装且背后有其本人的号码。

七、违规与判罚

●如果替补队员在被替换队员还未完全离场之前就进入比赛场地，或在替换过程中替补队员从本队替换区外进入场地：（1）裁判员停止比赛（当掌握有利时不必立即停止比赛）；（2）裁判员黄牌警告违反替补程序的队员，并要求其离场。

●如果裁判员已经停止比赛，应由对方从比赛停止时球所在地点踢间接任意球重新开始比赛（参见规则第十三节—任意球的位置）。如果该替补队员或者其球队同时违反其他规则的行为，比赛则根据本规则“室内五人制足球竞赛规则诠释及裁判员指南”的规定重新开始比赛。

●如果在替换队员时，被替换队员因非室内五人足球竞赛规则允许的原因离开场地，或没有经过本方球队替换区域：（1）裁判员停止比赛（当掌握有利时不必立即停止比赛）；（2）裁判员应黄牌警告因违反替补程序的队员。

●如果裁判员已经停止比赛，应由对方从比赛停止时球所在的地点踢间接任意球重新开始比赛（参见规则第十三节——任意球的位置）。

●其他任何违反本规则的违规行为：（1）相关队员将被警告；（2）应由对方从比赛停止时球所在的地点踢间接任意球重新开始比赛（参见规则第十三节——任意球的位置）。在特殊情况下，比赛应根据本规则“室内五人制足球竞赛规则诠释和裁判员指南”的规定重新开始比赛。

八、队员和替补队员被罚令出场

（一）队员在开球前被罚令出场，只可从提名的替补队员中选一人替换。

（二）凡被提名的替补队员被罚令出场，无论是在开球前或在比赛开始后，均不得替换。

（三）只有当计时员或第三裁判员（助理裁判员）允许的情况下，替补队员在被罚令出场的队员被罚出场两分钟后方可进入比赛场地。如果在两分钟内有进球发生，则应适用以下条款。

●如果比赛当时5对4，并且人数较多的一方进球，则4人一方的球队应补齐第5名队员。

●如果比赛当时双方均为3人或4人并有进球发生，则比赛双方保持原有人数不变。

●如果比赛当时为5对3或者4对3，并且人数较多一方进球，则3人一方球队只可增加1人。

●如果人数较少一方进球，则不改变队员人数继续进行比赛。

第四节　队员装备

一、安全性

队员不得使用、佩戴可能危及自己和其他队员的装备或任何物件（包括各种珠宝饰物）。

二、基本装备

队员必需的基本装备包括下列相互分离的部分。

●运动上衣，如穿紧身内衣，其袖子的颜色应与运动上衣袖子的主色相同。

●运动短裤，如穿紧身内裤，必须与短裤的主色相同。守门员可以穿长裤。

●护袜：如果需要额外使用胶带或相似材料，则其颜色应与球袜被覆盖部分的颜色相同。

●护腿板：（1）必须由护袜完全包住；（2）由橡胶、塑料或类似被许可的材质制成；（3）提供适当程度的保护。

●足球鞋，帆布、软皮面训练鞋或体操鞋，鞋底为橡胶或类似材质。

四、颜色

●比赛两队的着装颜色必须有别于对方和裁判员及助理裁判员。

●每名守门员的服装颜色必须有别于其他队员、裁判员和助理裁判员。

五、违规与判罚

对于任何违反本节规则的。

●比赛不需要停止。

●裁判员指出场上队员的装备有问题后，该队员应在比赛下一次停止时离开比赛场地去调整装备，除非该队员已经调整好装备。

●任何被要求离开比赛场地整理装备的队员，在未获得裁判员或者第三裁判员的允许不得再次进场。

●在允许队员重新进入场地之前，裁判员本人需直接或者通过第三裁判员检查该队员装备。

●如果该队员没有被替换下场，他只能在比赛停止时或在活球时在第三裁判员的监督下重新进入场地。

●队员因违反本规则而被要求离开比赛场地，且并未被替换下场，在未获得裁判员或第三裁判员允许时重新进入场地必须被警告。

六、重新开始比赛

如果裁判员停止比赛执行警告：由对方球队在比赛停止时球所在地点踢间接任意球重新开始比赛（参见规则第十三节——任意球的位置）。

第五节 裁判员

一、裁判员的权力

每场比赛由两名裁判员控制，即裁判员和第二裁判员。他们在被任命的比赛中具有全部权力去执行与比赛相关的室内五人制足球竞赛规则。

二、权限和职责

两名裁判员

●执行室内五人制足球竞赛规则。

●在有助理裁判员的情况下，与其尽可能合作控制比赛。

●确保任何比赛用球符合规则第二节的要求。

●确保队员装备符合规则第四节的要求。

●对比赛进行记录。

●根据判断，当任何违反规则的行为发生时停止比赛。

●因任何外界干扰停止比赛。

●如果他认为队员受伤严重则停止比赛，并确保将其移出场外。受伤队员只能在比赛重新开始后方可重返比赛场地。

●如果他认为队员只是受轻伤，则允许比赛继续进行直到停止。

●确保队员因受伤流血时离开比赛场地。因流血离场的队员只有在当裁判员或第三裁判员确认流血已经停止，并在得到裁判员信号后方可重回场地。

●当一队被犯规而根据“有利”条款能获利时，则允许比赛继续进行。如果预期的“有利”在那一时刻没有接着发生，则判罚最初的犯规。

●当队员同时出现一种以上的犯规时，则对较严重的犯规进行判罚。

●当队员同时出现一种以上的不正当行为时，则对较严重的行为进行纪律制裁。

●对犯有可警告或罚令出场的队员采取纪律处罚。裁判员不必立即进行处罚，但必须在比赛下一次成停止时进行。

●在球队官员做出不负责任的举动时进行制止，并可酌情将其驱逐出技术区域及场地周边区域。

●确保没有未经批准的人员进入比赛场地。

●比赛停止后示意重新开始比赛的方式。

●根据“裁判员和助理裁判员信号”章节的规定给予信号。

●根据比赛需要和“室内五人制足球竞赛规则诠释及裁判员指南”（规则第五节——裁判员）中“比赛中选位”和“比赛暂停时选位”的建议在比赛中移动选位。

●向相关部门提交比赛报告，包括任何针对队员或球队官员的纪律处分信息以及任何其他在赛前、赛中或赛后发生的意外事件。

裁判员

●当助理裁判员不在场时充当第三裁判员和计时员。

●根据其判断因违反竞赛规则停止或终止比赛。

●因任何外界干扰停止或终止比赛。

第二裁判员

●当裁判员受伤或身体不适时对其进行替换。

三、裁判员的决定

裁判员根据与比赛相关的事实所作出的决定，包括进球是否得分和比赛的结果，是最终的决定。

只有在比赛未重新开始或未终止前，裁判员可以根据自己的判断，或助理裁判员的意见而改变确实不正确的决定。

当裁判员与第二裁判员就某一违规行为同时发出判罚信号，而发生双方判罚不一致时，以裁判员的判罚决定为准。

如第二裁判员或助理裁判员过分干预或有不恰当的行为表现时，裁判员可解除其职责，并指派他人替代，并将比赛报告提交有关部门。

四、裁判员的责任

裁判员（同样适用于助理裁判员）对下列情况不承担法律责任。

- 队员、官员和观众的任何形式受伤。
- 任何形式的财产损坏。
- 由于或者可能由于他根据室内五人制足球竞赛规则所作出的判决，或者按照正常程序要求维持、进行和控制比赛，而对任何人、俱乐部、公司、协会或类似机构所造成的任何损失。

这些决定可能包括：

- 裁判员根据比赛场地及其周边情况、或天气的影响决定比赛是否进行。
- 决定由于各种原因而中止比赛。
- 决定比赛期间适合比赛的场地器材和比赛用球。
- 由于观众的影响或观众席中的任何问题，决定是否停止比赛。
- 决定是否停止比赛而允许受伤队员移出比赛场地接受治疗。
- 决定要求将受伤队员移出比赛场地接受治疗。
- 决定队员是否可以穿着某种服装或佩戴某种装备。
- 决定（在其职责范围内）是否允许任何人（包括球队或体育场官员、安保官员、摄影记者或其他新闻媒体代表）出现在比赛场地附近。
- 裁判员根据室内五人制足球竞赛规则或依照国际足联、洲际联合会、国家足协或联盟对该比赛制定的规程或规定而作出的判决。

五、国际比赛

国际比赛中必须委派一名第二裁判员。

六、替补助理裁判员

如在锦标赛和其他比赛中委派了替补助理裁判员，其作用和职责必须与室内足球竞赛规则中的原则一致。

第六节　助理裁判员

一、助理裁判员的权力

每场比赛应委派两名助理裁判员（一名第三裁判员和一名计时员），他们必须依照室内五人制足球竞赛规则行使职责。他们的位置在比赛场地外，两替换区同侧靠近中线处。计时员应就座于计时台处，同时第三裁判员则就座或站立行使职责。

应为计时员与第三裁判员配备计时器和可以显示累计犯规次数的设备，这些设备应由比赛场地所属协会或俱乐部提供。

应为他们提供计时台，以便于他们能够正确地行使其职责。

二、权限和职责

（一）第三裁判员

- 协助两名裁判员和计时员。
- 记录参加比赛队员。
- 在裁判员的要求下监督球的更换。
- 在替补队员尚未进入比赛场地前检查其装备。
- 记录进球队员的号码。
- 当某队官员请求暂停时通知计时员（参见规则第七节——比赛时间）。
- 在计时员发出声音信号通知裁判员和球队准许比赛暂停的情况下，给出暂停信号。
- 记录暂停请求情况。
- 记录各半场比赛中裁判员示意的每队累计犯规次数。
- 任一球队在半场比赛中已累计犯规5次时给予必须的信号。
- 在计时台上摆设标志，示意某队已经在半场比赛中累计犯规5次。
- 记录任何被警告或罚令出场队员的姓名和号码。
- 在各半场比赛开始前向每队官员递交表单，以便于各队据此提出暂停请求。如果球队没有提出暂停请求，那么这些表单在各半场比赛结束后收回。

●递交给每队官员一份表单示意何时一名替补队员可以进入比赛场地替代另一被罚令出场队员。

●在裁判员的委派下，监督已经离场整理装备的队员重新进入场地。

●在裁判员的委派下，监督由于任何受伤已经离场的队员重新进入场地。

●在裁判员执行警告或罚令出场出现明显错误时，或有暴力行为发生在裁判员视线范围之外时，用信号通知裁判员。但无论怎样，裁判员有权决定任何与比赛有关的事项。

●监督任何位于技术区域和替补席上人员的行为，并将他们任何不适当的行为通知裁判员。

●记录比赛中由于外界干扰而产生的中断及其原因。

●提供任何与比赛相关的其他信息。

●在被要求时，能根据“室内五人制足球竞赛规则诠释和裁判员指南”中“比赛中选位”“比赛暂停时选位”（第五章——裁判员）的要求在比赛场地上选位。

●当裁判员、第二裁判员受伤或不能行使职责时取代第二裁判员。

（二）计时员确保比赛时间与规则第七节相符

●当比赛正确开球后开启计时器。

●当比赛停止时停止计时器。

●当比赛经踢界外球、掷球门球、角球、中圈开球、任意球、从罚球点或第二罚球点踢出或坠球重新开始比赛后，开启计时器计时。

●在可能情况下在计分板上公开记录的进球、累计犯规和比赛节次。

●在得到第三裁判员通知后，以不同于裁判员的哨音或其他声音信号示意某队要求暂停。

●对1分钟暂停进行计时。

●以不同于裁判员的哨音或其他声音信号示意1分钟暂停结束。

●在得到第三裁判员通知后，以不同于裁判员的哨音或其他声音信号示意某队第5次累计犯规。

●负责队员罚令出场2分钟的计时。

●以不同于裁判员的哨音或声音信号，示意上半场、全场及加时赛半场时间结束。

●在被要求时，能根据“室内五人制足球竞赛规则诠释和裁判员指南”中的“比赛中选位”和“比赛暂停时选位”（第五节——裁判员），在比赛场地上选位。

●在第三裁判员未能到场情况下行使第三裁判员的特殊职责。

●提供任何与比赛相关的其他信息。

三、国际比赛

在国际比赛中，必须委派第三裁判员和计时员。

在国际比赛中，计时器须具备所有必需的功能（精确计时、同时记录4个被罚令出场队员2分钟罚停期的计时装置和记录每队各自上下半场的累计犯规次数）。

第七节　比赛时间

一、比赛半场

比赛分为两个半场，每半场20分钟。特殊情况经裁判员和双方同意另定除外。任何改变比赛时间的协议必须在比赛开始之前制定，并要符合竞赛规程。

二、半场结束

1. 计时员用声音信号或哨声示意每半场结束。在听到计时员的哨声或声音信号后，其中的一位裁判员用其哨声宣布半场或比赛结束，并要注意下列情况。

●当需踢或重踢第二罚球点球或第6次累计犯规起的直接任意球时，相关半场应被延长，直到罚球结束。

●当需踢或重踢球点球时，相关半场应被延长，直到罚球结束。

2. 如果球向其中一个球门运动，裁判员必须在计时员响哨或声音信号之前等踢球结束。半场结束情况如下。

●球直接向球门内移动并得分。

●球离开场地边线。

●球触及守门员或防守队员、球门柱、横梁或地面后越过球门线进球得分。

●守方守门员或队员触及球，或球从球门柱、横梁反弹并未越过球门线。

●球被任何攻方队员触及，但此球是发出的间接任意球且被另一名球员触及后球向球门移动的情况除外。

●没有出现可判为直接任意球、间接任意球或球点球的犯规，且不须重踢直接任意球、间接任意球或球点球。

3. 如果在此期间，某队犯有可判为直接任意球的犯规且累计犯规已达5次、或犯有可判为球点球的犯规，半场结束情况如下。

●球没有被直接踢向球门。

●球直接进入球门并得分。

●球出界。

●球击中一个或两个门柱、横梁、守方守门员或队员后进门得分。

●球击中一个或两个门柱、横梁、守方守门员或队员后没有进门。

●没有出现可判为直接任意球、间接任意球或球点球的另一犯规。

4. 如果在此期间，某队犯有可判为直接任意球的犯规但累计犯规次数未达到第6次，半场结束情况如下。

●球没有被直接踢向球门。

●球直接进入球门并得分。

●球出界。

●球击中一个或两个门柱、横梁、守方守门员或队员后进门得分。

●球击中一个或两个门柱、横梁、守方守门员或队员后没有进门。

●球被攻方队员触及。

●没有出现可判为直接任意球、间接任意球或球点球的犯规。

5. 如果在此期间，某队犯有可判为间接任意球的犯规，半场结束情况如下。

●球在运动中未触及其他球员直接进入球门，或击中一个或两个门柱或横梁，此进球无效。

●球出界。

●球在触及守门员或非罚球方的其他队员后，击中一个或两个门柱或横梁，且进球得分。

●球在触及守门员或非罚球方的其他队员后，击中一个或两个门柱或横梁，但未进球得分。

●没有出现可判为直接任意球、间接任意球或球点球的犯规。

三、暂　停

双方球队在每个半场各有一次1分钟暂停的权利。

应遵循下列条款。

●球队官员有权向第三裁判员，或在无第三裁判员情况下向计时员使用暂停申请表单，提出1分钟暂停申请。

●当提出暂停请求的球队控球时且比赛停止，计时员用不同于裁判员所使用的哨声或声音信号准予暂停。

●暂停期间，队员可以保留在场上或场外。但如果要喝水，则必须离开比赛场地。

●暂停期间，替补队员必须保持在场外。

●暂停期间，官员不允许在场内给予指导。

●替换队员只有在暂停结束声音信号或哨音响起后进行。

●一队在上半场比赛没有请求暂停的，在下半场也只允许请求一次暂停。

●如果既没有第三裁判员，也没有计时员，球队官员可请求裁判员给予暂停。

●如果进入加时赛，则加时赛期间没有暂停。

四、中场休息

- 队员有中场休息的权利。
- 中场休息不得超过15分钟。
- 竞赛规程必须注明中场休息的时间。
- 只有经裁判员同意方可改变中场休息时间。

五、中止的比赛

除竞赛规程另有规定外，中止比赛应重新进行。

第八节　比赛开始和重新开始

一、预　备

- 通过掷币，猜中的队决定上半场比赛的进攻方向。
- 另一队开球开始比赛。
- 猜中的队在下半场开球开始比赛。
- 下半场比赛，两队交换比赛场地和进攻方向。

二、开　球

（一）开球是比赛开始或重新开始的一种方式

- 在比赛开始时。
- 在进球得分后。
- 在下半场比赛开始时。
- 在加时赛两个半场开始时。

开球直接进球得分无效。

（二）程　序

- 所有队员必须在本方半场内。
- 开球队的对方队员，应距球至少3米，直到比赛开始。
- 球必须放定在中点上。
- 裁判员发出信号。

● 当球被踢并向前踢动时比赛即为开始。

某队进球得分后，只要该半场还没有结束，由另一队开球。

（三）违规与判罚

● 如果比赛进行中开球队员在其他队员触球前再次触球（非用手触球）：由对方队在犯规地点踢间接任意球（参见规则第十三节——任意球的位置）。

● 如果比赛进行中开球队员在其他队员触球前故意手球：由对方队在犯规地点踢直接任意球（参见规则第十三节——任意球的位置)，并记录该队累计犯规。

● 在开球程序上的其他任何犯规：重新开球且不适用有利条款。

三、坠　球

如果在比赛进行中，裁判员因室内五人制竞赛规则未提到的任何原因而需要暂停比赛，则以坠球重新开始比赛。在室内五人制足球竞赛规则范围内也可以用坠球的方式重新开始比赛。

（一）程　序

裁判员或第二裁判员在比赛停止时球所在的地点坠球，除非比赛在罚球区内被停止，在这种情况下其中一名裁判员在比赛停止时距球最近的罚球区线上坠球。

当球在比赛场地内触地比赛即重新开始。如果球触及地面，比赛进行后未触及任一队员离开场地，则在最初坠球的地点重新坠球。

（二）违规与判罚

1. 在最初坠球的地点重新坠球

● 如果球在接触地面前被队员触及。

● 如果球在接触地面后未经任何队员触及出界。

● 如果在球触及地面前有任何犯规发生。

2. 如果在球接触地面后，一名队员通过一次触球将球踢向某一球门，且球直接

● 进入对方球门，由对方掷球门球。

● 进入本方球门，由对方踢角球。

3. 如果在球接触地面后，一名队员通过多次触球将球踢向某一球门，且

● 球进入某一球门，进球有效。

第九节　比赛进行和停止

一、比赛停止

下列情形比赛停止。

- 当球的整体从空中或地面越过球门线或边线时。
- 当比赛被裁判员停止时。
- 当球击打到天花板时。

二、比赛进行

其他所有时间，比赛都视为进行中，包括下列情形。

- 球从球门柱或横梁弹回球场内。
- 球从场内的裁判员身上反弹。

三、室内球场

天花板最低高度为4米且由竞赛规程规定。

在室内球场比赛时，如球意外击中天花板，则由最后触球队员的对方队，以踢界外球的方式重新开始比赛。此界外球应在距球触天花板垂直下方最近的边线处踢出（参见规则第十五节——踢界外球的位置）。

第十节　计胜方法

一、进球得分

当球的整体从球门柱间及横梁下越过球门线，而此前进球的球队未违反室内五人制竞赛规则，即为进球得分。

如果攻方守门员故意用手或上臂从本方罚球区内将球掷或打入对方球门并且他是最后触及或击球的队员，则进球无效。比赛将由对方球队掷球门球重新开始比赛。

如果在进球后，裁判员在比赛重新开始前意识到进球队多出一人或已经进行了不正确换人，则应宣布进球无效并由对方球队从罚球区内的任何地点以间接任意球重新开始比赛。如果已经开球，裁判员依据竞赛规则第三章采取措施处罚攻方队员，但进球有效。裁判员应向相应的主办机构报告相关事实。如果另一队进球，则进球有效。

二、获胜球队

在比赛中进球数多的队为胜者。如两队进球数相等或均未进球，则比赛为平局。

三、竞赛规程

当一场比赛或主客场两回合比赛成平局，而竞赛规程需要决出胜者时，仅允许以下列程序决定胜队。

- 客场进球规则。
- 加时赛。
- 踢球点球。

这些步骤在“决定一场比赛或主客场比赛胜负的程序”章节中。

第十一节　越位

室内五人制足球没有越位。

第十二节　犯规与不正当行为

犯规和不正当行为违反了室内五人制足球竞赛规则，将按如下条款进行判罚。

一、犯　规

犯规将被判罚直接任意球、罚球点球或间接任意球。

（一）判为直接任意球的犯规

1. 如果裁判员认为，队员以草率、鲁莽或使用过分的力量的方式犯有下列7种犯规中的任何一种，将判给对方踢直接任意球。

- 踢或企图踢对方队员。
- 绊摔对方队员。
- 跳向对方队员。
- 冲撞对方队员。
- 打或企图打对方队员。
- 推对方队员。
- 抢截对方队员。

2. 如果队员犯有下列三种犯规中的任何一种，也判给对方踢直接任意球。

●阻止对方队员移动。

●向对方队员吐唾沫。

●故意手球（守门员在本方罚球区内除外）。

在犯规发生地点踢直接任意球（参见规则第十三节——任意球的位置）

上述犯规都属于累计犯规之列。

（二）判为罚球点球的犯规

在比赛进行中，无论球在什么位置，如果队员在本方罚球区内违反了上述十种犯规中的任何一种，应被判罚球点球。

（三）判为间接任意球的犯规

1. 如果守门员犯有下列4种犯规中的任何一种，判由对方踢间接任意球。

●在本方半场内，以手或脚控制球超过4秒。

●将球发出后，未经对方队员踢或触及在本方半场内再次触及同队队员故意传给他的球。

●在本方罚球区内，以手触及同队队员故意踢给他的球。

●在本方罚球区内，以手触及同队队员直接踢给他的界外球。

2. 如果裁判员认为队员犯有下列犯规中的任何一种，则也判由对方在犯规地点踢间接任意球。

●在对方队员面前以危险方式比赛。

●阻挡对方行进路线。

●阻挡对方守门员将球从手中发出。

●采用可判为直接任意球的9种犯规之一的行为对本方队员犯规。

●犯有竞赛规则第十二节或其他章节未提及的任何其他犯规，裁判员为此停止比赛对犯规队员进行警告或罚令出场。

在犯规发生地点踢间接任意球（参见规则第十三节——任意球的位置）。

二、不正当行为

不正当行为将被警告或罚令出场。

三、纪律制裁

黄牌用于表示对一名队员或替补队员的警告。

红牌用于表示将一名队员或替补队员罚令出场。

黄牌和红牌只能出示给队员和替补队员。一旦比赛开始，相关的红黄牌应公开出示以及仅限于在比赛场地上。在其他情况下，裁判员口头告知队员和球队官员对其的纪律制裁。

裁判员从比赛开始前进入比赛场地所在的场馆起，到比赛结束后离开场馆为止，在此期间均有权对队员进行纪律处罚。

队员无论是在比赛场内或场外，无论是直接对对方队员、同队队员、裁判员或任何其他人犯有应被警告或罚令出场的行为，都将根据犯规性质进行处罚。

（一）可警告的犯规

1. 如果队员犯有下列7种犯规中的任何一种，将被黄牌警告。

- 非体育行为。
- 用语言或行动表示异议。
- 持续违反室内五人制竞赛规则。
- 延误比赛重新开始。
- 当以角球、任意球或踢界外球重新开始比赛时，（防守队员）不退出规定的距离。
- 未经裁判员许可进入或重新进入比赛场地，或违反替换程序。
- 未经裁判员许可故意离开比赛场地。

2. 如果替补队员犯有下列4种犯规中的任何一种，将被警告。

- 非体育行为。
- 用语言或行动表示异议。
- 延误比赛重新开始。
- 进入比赛场地时违反替换程序。

（二）罚令出场的犯规

1. 如果队员或替补队员犯有下列7种犯规中的任何一种，将被罚令出场。

- 严重犯规。
- 暴力行为。
- 向对方或其他任何人吐唾沫。
- 用故意手球破坏对方的进球或明显的进球得分机会（不包括守门员在本方罚球区内）。
- 用可判为任意球或球点球的犯规，破坏对方向本方球门移动着的明显进球得分机会。
- 使用攻击性、侮辱性或辱骂性的语言或手势。
- 在同一场比赛中得到第二次警告。

2. 如果替补队员犯有下列犯规，将被罚令出场：

- 破坏对方的进球或明显的进球得分机会。

被罚令出场的队员或替补队员必须离开比赛场地周边和技术区域。

第十三节 任意球

一、任意球类型

任意球分为直接任意球和间接任意球。

（一）直接任意球

1. 信 号

裁判员单臂平举，指向发球方向。裁判员另一手指向地面，以向第三裁判员和计时员示意，此为累计犯规。

2. 球进球门

- 如果直接任意球直接踢入对方球门，判为得分。
- 如果直接任意球直接踢入本方球门，判给对方角球。

3. 累计犯规

- 是第十二节中提到的应判罚直接任意球或罚球点球的犯规。
- 每队在每半场的累计犯规应被记录在比赛报告中。
- 如果某队犯规尚未累计到5次，且对方队也未因此失去进球或明显进球得分机会，裁判员可以掌握有利让比赛继续进行。
- 如果裁判员掌握有利，当比赛停止时，必须用规定的信号向计时员及第三裁判员示意累计犯规。
- 如果有加时赛，加时赛中的累计犯规应继续累计在下半场累计犯规次数上。

（二）间接任意球

1. 信 号

当裁判员判罚间接任意球时，应单臂上举过头，并保持这种姿势直到球踢出后被其他队员触及或比赛停止。

2. 球进球门

只有当球进门前触及到另一名队员才算得分有效：

- 如果间接任意球直接踢入对方球门，判给对方掷球门球。
- 如果间接任意球直接踢入本方球门，判给对方踢角球。

3. 程 序

无论是直接任意球还是间接任意球，踢球时必须将球放定。每队从第6次累计犯规起的直接任意球规定如下。

●任意球必须直接射门而不能传给同队队员。

●任意球踢出后，只有球被守方守门员触及，或从球门柱、横梁弹回，或球出界后，其他队员才可触球。

●如队员犯有本方的第6次累计犯规，而犯规地点在对方半场或本方半场介于通过第二罚球点的假想平行线与中线之间的区域，该任意球在犯规方半场的第二罚球点踢出，第二罚球点的位置在第一节中说明。罚任意球须遵循本节“任意球的位置”的要求。

●如果队员犯有本方的第6次累计犯规，而犯规地点在犯规方半场球门线和通过10米的假想平行线之间、罚球区之外的区域，则对方可选择在犯规地点或第二罚球点踢任意球。

●在每半场比赛或加时赛上下半场结束时，应允许延长时间执行完自第6次累计犯规起的直接任意球。

二、任意球的位置

（一）罚球区外的任意球

●所有对方队员必须距球至少5米直到比赛进行。

●当球被踢出并移动时比赛即为进行。

●在犯规发生地点，或在犯规发生时比赛球所在的地点（根据犯规情况），或从第二罚球点踢任意球。

（二）在守方罚球区内的直接或间接任意球

●所有对方队员必须距球至少5米直到比赛进行。

●所有对方队员必须位于罚球区外直到比赛进行。

●当球被直接踢出罚球区比赛即为进行。

●在罚球区内获得的任意球可以在罚球区内任何地点执行（图2-4）。

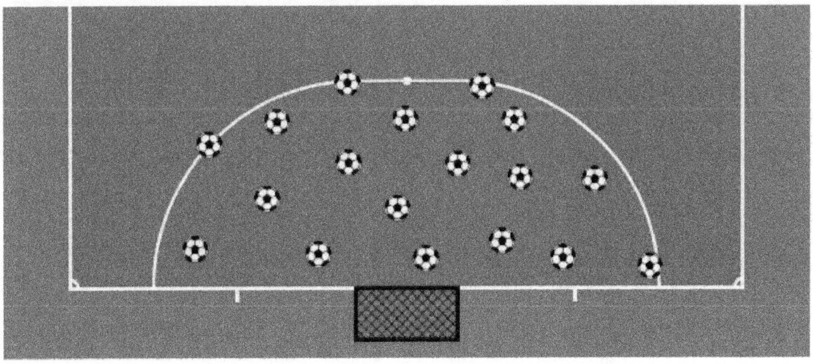

图2-4 禁区内任意球位置

（三）每半场第6次累计犯规起的直接任意球

●守方队不可排人墙防守。

●须明确主罚队员。

●守方守门员须留在罚球区内且距球至少5米。

●队员须留在场地内，如果主罚队员愿意，也可以留在场地内。

●除主罚队员和守方守门员外，其他队员应在与球相齐而且平行于球门线的一条假想线后、罚球区外，并且至少距球5米，不可阻挡主罚队员。除主罚队员外，其他队员直到比赛进行方可越过假想线。

（四）进攻队间接任意球

●所有对方队员必须距球至少5米直到比赛进行。

●当球被踢并移动时，比赛即为开始。

●在罚球区内的间接任意球，应从距犯规发生地点最近的罚球区线上踢出（图2–5）。

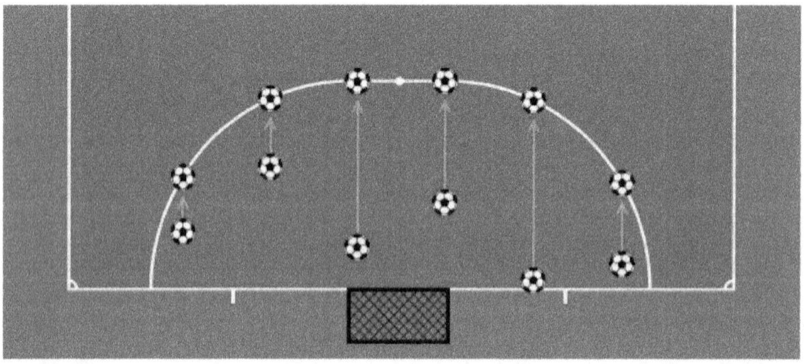

图2–5 禁区内间接任意球位置

三、违规与判罚

（一）如果当任意球踢出时，对方队员比规定距离更接近于球

●任意球应重踢并警告犯规队员，除非裁判员掌握有利或者有其他可判为罚球点球的犯规发生。如果该犯规可被判为任意球，则由裁判员决定是判罚该犯规还是判罚原来的犯规。如果该犯规可判为罚球点球或直接任意球，防守一方应累计1次犯规。

（二）如果当防守方从本方罚球区内踢任意球，球未直接踢出罚球区

●任意球重踢。

（三）如果某队踢任意球超过4秒时

●裁判员判给其对方队踢间接任意球，并在原地点执行（参见规则第十三节——任意球的位置）。

（四）从第6次累计犯规开始，如果队员罚球时没有射门得分的意图

●裁判员判给其对方队踢间接任意球，并在原地点执行。

（五）从第6次累计犯规开始，如果由事先确定的主罚队员的队友来踢任意球

●裁判员停止比赛，警告其非体育行为，由防守方在他踢球的地方踢间接任意球重新开始比赛。

（六）由守门员外的队员踢任意球

1. 如果比赛进行后，主罚队员在其他队员触球前再次触及球（用手除外）

●判由对方在犯规发生的地点踢间接任意球（参见规则第十三节——任意球的位置）。

2. 如果比赛进行后，主罚队员在其他队员触球前故意手球

●判由对方在犯规发生的地点踢直接任意球（参见规则第十三节——任意球的位置），并记录该队1次累计犯规。

●如果犯规发生地点在踢球队员本方罚球区内，将判罚球点球，并记录该队1次累计犯规。

（七）守门员罚任意球

1. 如果比赛进行后，守门员在其他队员前再次触及球（用手除外）

●判由对方在犯规发生的地点踢间接任意球（参见规则第十三节——任意球的位置）。

2. 如果比赛进行后，守门员在其他队员触球前故意手球

●守门员在本方罚球区外，判由对方在犯规发生的地点踢直接任意球（参见规则第十三节——任意球的位置）并记录该队1次累计犯规。

●守门员在本方罚球区内，判由对方在犯规发生的地点踢间接任意球（参见规则第十三节——任意球的位置）。

（八）从第6次累计犯规开始，如果裁判员鸣哨给出罚直接任意球的信号后，球末被踢出之前

1. 一名攻方队员违反室内五人制足球竞赛规则，除主罚队员用时超过4秒之外

●裁判员允许球被踢出。

●如果球进入球门，则判重踢任意球。

●如果球未进入球门，裁判员停止比赛并判由守方球队在犯规发生地点踢间接任意球重新开始比赛（参见规则第十三节——任意球的位置）。

2. 一名守方队员违反室内五人制竞赛规则

●裁判员允许球被踢出。

●如果球进入球门，则判进球有效。

●如果球未进入球门，则判重踢任意球。

3. 一名或多名守方队员及一名或多名攻方队员违反室内五人制竞赛规则

●判重踢任意球。

（九）从第6次累计犯规开始，如果直接任意球已经被踢出

1. 主罚队员没有意图将球向前踢出射门得分

●则裁判员暂停比赛，判由对方在犯规发生地点踢间接任意球重新开始比赛（参见规则第十三节——任意球的位置）。

2. 主罚队员在其他队员触球前再次触球（用手除外）

●判由对方在犯规发生的地点踢间接任意球（参见规则第十三节——任意球的位置）。

3. 一名非主罚队员在球触及守方守门员、或从任一球柱或横梁反弹、或离开比赛场地前触及球（用手除外）

●判由对方在犯规发生的地点踢间接任意球（参见规则第十三节——任意球的位置）。

4. 一名队员故意手球

●判由对方在犯规发生的地点踢直接任意球（参见规则第十三节——任意球的位置），并记录该队1次累计犯规。

●如果犯规发生地点在守方队员本方罚球区内，守方守门员除外（参见规则第十三节——任意球的位置），将判罚球点球，并记录该队1次累计犯规。

5. 球向前移动时被场外因素触及

●判重踢任意球。

6. 球从守门员、球柱、横梁反弹回场地内并被场外因素触及

●裁判员暂停比赛。

●在球触及场外因素的地方坠球恢复比赛。除非球触及场外因素的地点在罚球区内，在这种情况下则由其中一名裁判员在距球停止时所处位置最近的罚球区线上坠球重新开始比赛。

（十）在比赛进行后，球在没有触及球门柱、横梁或其他队员之前破裂或出现破损

●判重踢任意球。

第十四节 罚球点球

当比赛进行中，一球队在本方罚球区内犯有任何可被判罚直接任意球的10种犯规，应被判罚球点球。

罚球点球直接进球得分有效。

在每半场比赛或加时赛上下半场结束时，应允许延长时间执行完罚球点球。

一、球和队员的位置

1. 球

- 必须放在罚球点上。

2. 主罚球点球的队员

- 必须明确主罚队员。

3. 防守方的守门员

- 必须位于本方两球门柱之间的球门线上，面向主罚队员，直至球被踢出。

4. 除主罚队员外的其他队员应处于

- 比赛场地内。
- 罚球区外。
- 罚球点后。
- 距罚球点至少5米。

二、程　序

- 在队员按照规则要求处于规定的位置后，其中的一名裁判员发出执行罚球点球的信号。
- 主罚队员必须将球向前踢出。
- 当球被踢并向前移动时比赛即为进行。

在比赛进行中，以及在半场、全场或加时赛半场结束而延长时间执行或重新执行罚球点球时，如果球在越过球门柱之间和横梁下的球门线之前，当球触及一个或两个门柱或横梁或守门员，应判定得分。

裁判员决定罚球点球何时完成。

三、违规与判罚

（一）如果主罚队员没有将球向前踢出

- 裁判员停止比赛，由守方在罚球点上踢间接任意球重新开始比赛（参见规则第十三节——任意球的位置）。

（二）如果在踢罚球点球过程中，球被先前确认为主罚队员的队友踢出

●裁判员停止比赛，警告其非体育行为，由守方在罚球点上踢间接任意球重新开始比赛（参见规则第十三节—任意球的位置）。

（三）如果裁判员发出执行罚球点球信号后，球进入比赛前发生下列情况

1. 主罚队员的同队队员违反室内五人制足球竞赛规则

●裁判员允许踢出该球点球。

●如果球进入球门，应重踢。

●如果球未进入球门，裁判员应停止比赛，由守方在违规地点踢间接任意球重新开始比赛（参见规则第十三节——任意球的位置）。

2. 一名防守方队员违反室内五人制足球竞赛规则

●裁判员允许该球点球踢出。

●如果球进入球门，进球有效。

●如果球未进入球门，应重踢。

3. 一名或多名守方队员及一名或多名攻方队员违反室内五人制足球竞赛规则

●应重踢。

（四）如果罚球点球踢出后

1. 主罚队员在其他队员触球前再次触球（用手除外）

●由对方在犯规发生地点踢间接任意球（参见规则第十三节——任意球的位置）。

2. 主罚队员在其他队员触球前故意手球

●由对方在犯规发生地点踢直接任意球（参见规则第十三节——任意球的位置），并记录该队1次累计犯规。

3. 当球向前移动后被场外因素触及

●应重踢。

4. 球从守门员、横梁或球门柱弹回比赛场地内，接着被场外因素触及

●裁判员暂停比赛。

●在被场外因素触及的地点坠球重新开始比赛。如果球在罚球区内触及场外因素情况除外，遇到这种情况，其中一名裁判员应在比赛停止时距球最近的罚球区线上坠球重新开始比赛。

（五）比赛中，当球在未触及球门柱、横梁或队员前破裂或破损

●应重踢。

第十五节　踢界外球

踢界外球是重新开始比赛的一种方法。

当球的整体不论从地面或空中越过边线或击中天花板时，判由最后触球队员的对方队踢界外球。

踢界外球直接进球得分无效。

一、队员的位置

对方队员必须

- 在场上。
- 距界外球发球地点所处边线至少5米。

二、程　序

只有一种类型的程序

（一）踢界外球的位置

1. 在踢出界外球的一瞬间，踢球队员

- 一只脚站在边线或边线外的地上。
- 将球放定，在球出界的地点上，或从这一点向外不超过25厘米处踢界外球。
- 在准备好后须在4秒钟内将球踢出。

2. 当球进入场地比赛即进行

（二）违规和判罚

1. 如果当踢界外球时，对方队员距踢球地点小于规定的距离时

- 由同一队重新踢界外球，并警告违规队员，除非此时适用有利条款或踢界外球的对方球队犯有可被判罚直接任意球或罚球点球的犯规。

2. 如果对方队员不正当地阻挡发球或分散踢界外球队员注意力

- 他将因非体育行为被警告。

3. 对于其他任何违反踢界外球程序的行为

- 由对方踢界外球。

（三）除守门员之外队员踢界外球

1. 如果比赛进行后，踢界外球队员在其他队员触球前再次触球（用手除外）

●由对方球队在犯规发生地点踢间接任意球（参见规则第十三节——任意球的位置）。

2. 如果比赛进行后，踢界外球队员在其他队员触球前故意用手触球

●由对方球队在犯规发生地点踢直接任意球（参见规则第十三节——任意球的位置），并记录该队1次累计犯规。

●如果犯规发生地点在踢界外球队员本方罚球区内，则判罚球点球，并记录该队1次累计犯规。

（四）守门员踢界外球

1. 如果比赛进行后，守门员在其他球员触球前再次触球（用手除外）

●由对方球队在犯规发生地点踢间接任意球（参见规则第十三节——任意球的位置）。

2. 如果在比赛进行后，守门员在其他队员触球之前故意用手触球

●如果犯规发生地点在守门员本方罚球区外，由对方在犯规发生地点踢直接任意球（参见规则第十三节——任意球的位置），并记录该队1次累计犯规。

●如果犯规发生地点在守门员本方罚球区内，由对方在距离犯规发生地点最近的罚球区线上踢间接任意球（参见规则第十三节——任意球的位置）。

第十六节　掷球门球

掷球门球是重新开始比赛的一种方法。

当球的整体不论从地面或空中越过球门线，而最后触球者为攻方队员，且根据规则第十节不是进球得分时，应判为掷球门球。

掷球门球直接进球得分无效。

一、队员位置

对方队员必须在比赛场地上，在掷球门球队罚球区外直到比赛进行。

二、程　序

●由守方守门员在罚球区内任何一点用手抛球。

●在准备好后，守方守门员应在4秒内将球发出。

●当球被守方守门员直接抛出罚球区，比赛即为进行。

三、违规与判罚

1. 如果球未被直接抛出罚球区进入比赛

●可重掷，但一旦守门员准备好再次掷球门球，4秒计时应继续进行。

2. 如果比赛进行后，守门员在其他队员触球前再次触球（用手除外）

●由对方在犯规发生地点踢间接任意球（参见规则第十三节——任意球的位置）。

3. 如果比赛进行后，守门员在其他队员触球前故意用手触球

●如果犯规发生地点在守门员本方罚球区外，由对方在犯规发生地点踢直接任意球（参见规则第十三节——任意球的位置），并记录该队1次累计犯规。

●如果犯规发生地点在守门员本方罚球区内，由对方在犯规发生地点踢间接任意球（参见规则第十三节——任意球的位置）。

4. 如果比赛进行后，在对方队员传或触球前，守门员在本方半场再次触及同队队员故意传给他的球

●由对方在犯规发生地点踢间接任意球（参见规则第十三节——任意球的位置）。

5. 如果没有在4秒内掷出球门球

●由对方在距离犯规发生地点最近的罚球区线上踢间接任意球（参见规则第十三节——任意球的位置）。

6. 如果在掷球门球时，进攻队员处于罚球区内

●如果攻方其中一名队员触球或者阻碍守门员掷球门球，应重掷球门球。

7. 对于其他任何违反此规则的

●判重掷球门球。如果掷球门球队一方违规，在守门员准备好再次掷球门球时，4秒计时继续进行。

第十七节　角　球

角球是重新开始比赛的一种方法。

当球的整体不论从地面或空中越过球门线，而最后触球者为守方队员，且根据规则第十节不是进球得分时，应判为角球。

角球直接进入对方球门得分有效。

一、球和队员的位置

●球必须在距球越过球门线最近的一侧的角球弧内。

●对方队员必须比赛场地内距角球弧至少5米直到比赛进行。

二、程　序

●必须由攻方队员踢球。

●踢角球一方必须在准备好后4秒内将球踢出。

●当球被踢并移动时即为比赛进行。

三、违规与判罚

1. 如果在踢角球时，对方队员没有退出规定的距离

●由同一队重新踢角球，并警告犯规队员，除非此时适用有利条款或守方队员犯有可被判罚直接任意球或罚球点球的犯规。

2. 如果在踢角球时对方不正当地阻挡发球或分散主罚队员的注意力

●他将因非体育行为被警告。

3. 如果角球没有在4秒内踢出

●判由对方掷球门球。

4. 对于其他任何违反程序或其位置行为

●判重踢角球。如果踢角球方违规，在主罚队员准备好重新踢角球时，4秒计时继续进行。

5. 除守门员外的场上队员踢角球

（1）如果比赛进行后，踢球队员在其他队员触球前再次触球（用手除外）

●由对方在犯规发生地点踢间接任意球（参见规则第十三节——任意球的位置）。

（2）如果比赛进行后，踢球队员在其他队员触球前故意用手触球

●由对方在犯规发生地点踢直接任意球（参见规则第十三节——任意球的位置），并记录该队1次累计犯规。

●如果犯规发生地点在踢球队员踢球本方罚球区内，则判罚球点球，并记录该队1次累计犯规。

6. 守门员踢角球

（1）如果比赛进行后，守门员在其他队员触球前再次触球（用手除外）

●由对方在犯规发生地点踢间接任意球（参见规则第十三节——任意球的位置）。

（2）如果比赛进行后，守门员在其他队员触球前故意用手触球

●如果犯规发生地点在守门员本方罚球区外，由对方在犯规发生地点踢直接任意球（参见规则第十三节——任意球的位置），并记录该队1次累计犯规。

●如果犯规发生地点在守门员本方罚球区内，由对方在犯规发生地点踢间接任意球（参见规则第十三节——任意球的位置）。

第三章
沙滩足球基本教学与方法

本篇教学提示

本篇主要阐述了沙滩足球历史与发展；沙滩足球教学的基本要素；沙滩足球技术教学与方法；沙滩足球战术教学与方法；沙滩足球竞赛规则简介。

第一节　沙滩足球运动起源与发展

一、沙滩足球运动起源

沙滩足球（beach soccer）作为集体同场竞技类对抗性体育运动项目，是传统足球运动的一种变化形式。它本身特有的观赏性、对抗性及创造性已经使世界各国爱好足球运动的广大球迷和足球运动员表现出强烈的热爱、追捧及关注。

沙滩足球的发源地是巴西里约热内卢，这项运动最早于20 世纪20年代出现于巴西里热内卢的海滩上，最初在世界各地被作为一种休闲娱乐活动，没有统一的规则，也没有国际性的比赛。伴随着现代体育运动大众化、商业化、市场化的需求，沙滩足球通过不断的发展与革新，演变为现代的沙滩足球比赛形式。1993年国际沙滩足球协会成立，其负责推广和管理沙滩足球运动的发展，并且制定了统一的竞赛规则，其从1995—2004年共举行了10届沙滩足球世界锦标赛。

2005年，国际足球联合会通过与国际沙滩足球协会协议，决定将沙滩足球正式纳入到其自身的管理范围内，并制定了统一完善的《沙滩足球竞赛规则》，同年国际足联成功举办了第一届沙滩足球世界杯（FIFA Beach Soccer World Cup）。国际足联相信“沙滩足球是足球世界运动中的重要组成部分之一，其重要性会在世界各国的足球领域中得到逐步地推广及加强”。国际足联主席布拉特说：“沙滩足球是传统足球项目的衍生物，刺激却更具有吸引力。”由于国际足联通过沙滩足球世界杯比赛及全世界范围内的大力宣传和推广，促使沙滩足球这项运动现已发展成为当今世界发展力最快的竞技体育运动项目之一，这足够说明沙滩足球在足球领域当中的重要性地位。

我国的沙滩足球运动兴起于20世纪80年代中期，广东、海南、山东等省先后举行过区域性比赛。我国北海早在2001年、2002年举办过两届民间的全国沙滩足球赛，曾有来自香港、澳门、北京等地的业余足球、高校足球队参加了比赛；在2005年中国足协开始举办全国性沙滩足球锦标赛，其中2005年9月在厦门市的鼓浪屿举办了第一次全国性的沙滩足球比赛“沙滩足球国家队选拔赛”；2006年10月在上海金山举办了正式的“首届全国沙滩足球赛”；从2008年开始中国足协与浙江省舟山市体育局签署合作协议，决定在舟山市连续举办五届全国最高水平的沙滩足球赛，并将赛事名称正式定为“全国沙滩足球锦标赛”，北京体育大学足球队蝉联了五届全国冠军；2014年中国足协又与浙江省舟山市体育局续签了5年竞赛合作协议。

在洲际比赛中国家队的主要任务是代表中国参加沙滩足球世界杯亚洲区预选赛以及亚洲沙滩运动会两个沙滩足球竞赛项目，近年来由于社会的大力支持和国家的重视，我国沙滩足球国家队在亚洲的竞赛成绩稳步提升，在2012年的第三届亚洲沙滩运动会的足球比赛中，获得亚军；2013年的第一届亚洲沙滩足球锦标赛中获得冠军。

二、沙滩足球运动发展

近年来，沙滩足球运动以多种运动竞技形式在世界范围内迅速发展。

1995年，第一届正式的沙滩足球世界杯被Beach Soccer World Wide（BSWW）机构在巴西的里约热内卢举办。

1996年，BSWW机构，开始组织职业沙滩足球锦标赛。

1998年，BSWW机构，开始组织欧洲职业沙滩足球联赛（EPBSL）。那时的联赛相当于“沙滩足球冠军杯”，是由各国的国家队来争夺欧洲冠军。当时，在巴西、意大利、瑞士、西班牙、英格兰、俄罗斯等国出现了国内沙滩足球联赛。

2000年，第一次对沙滩足球比赛的裁判员进行了培训。

2005年，国际足联与BSWW机构签署了合作协议，“沙滩足球世界杯”正式由国际足联主办。

表3-1　历届沙滩足球世界杯基本情况表

年份	2005	2006	2007	2008	2009	2011	2013
地点	里约热内卢	里约热内卢	里约热内卢	马赛	迪拜	拉文纳	大溪地
冠军	法国	巴西	巴西	巴西	巴西	俄罗斯	俄罗斯
队数	12	16	16	16	16	16	16
场次	20	32	32	32	32	32	32
进球数	164	286	261	259	284	269	243
平均	8.2	8.9	8.2	8.1	8.8	8.4	7.6

三、沙滩足球运动特点

- 沙滩足球运动是赤脚在沙子上进行的，场地大小为长35~37米，宽26~28米。比赛时每队5名场上队员，包括一名守门员。
- 守门员是沙滩足球比赛中最关键的运动员之一。
- 比赛更具有观赏性，更多的直接进攻和倒钩射门。
- 门前成为攻守主要区域。
- 任意球没有人墙，可以直接射门。
- 为了赢得比赛，既定的进攻战术配合非常重要。
- 沙子上踢球，对队员的体能和技术要求更高。

● 更多的进球来自3次以内的连续传球。

第二节　沙滩足球教学中的基本要素

一、教学设计

选择符合专项比赛要求的技能练习

（1）严格控制练习与休息之间的间歇时间和强度。

（2）特殊的沙滩场地（符合规则要求的沙地、器材）。

（3）依据专项竞赛规律，制定明确的专项教学重点、内容。

（4）技能练习应与比赛要求相一致。

二、教学内容

（1）技术：进攻技术、防守技术、守门员技术。

（2）战术：进攻战术、防守战术、定位球战术。

（3）体能：力量、速度、耐力、灵敏、协调。

（4）规则：第十七节竞赛规则内容。

三、课的结构

一堂训练教学课的一般结构，分为热身、主题、放松三个部分。

（1）热身部分：调动身体机能、适应接下来的训练；预防受伤；练习内容要与主题内容具有关联性；尽量通过结合球练习，提高队员的基础技能。

（2）主题部分：训练课的重点或主题在这部分完成；这部分一般由2至3个主要技能和一个比赛构成；训练的组合由简到繁、由易到难；比赛要有实战性，避免限制过多。

（3）放松部分：降低训练负荷强度；静力牵拉，防止受伤；缩短恢复时间。

例如：一堂课的基本结构。

表3-2　一堂沙滩足球课的基本结构和内容

课的部分	内容	时间（分钟）
准备部分 热身	内容1：通过练习提高球感、机能预热，为技战术等主题练习准备。	15~20
	内容2：结合球的对抗（小场地），传球练习，多种形式结合球技术练习。	15~20

续表

课的部分	内容	时间（分钟）
基本部分主题	内容1：有球、无球的单个或综合的力量、速度等体能练习。	15~30
	内容2：小场地、局部的特定要求的比赛、小组或整体队员参加的练习。	30~40
	内容3：着重技战术需求的实战性练习，结合高强度、高重复和多种变化的练习。	30~40
	内容4：充分利用与实战一致的练习（比赛5v5），以巩固和检验学习效果。	20~40
结束部分	内容1：技术练习（传、射等）	5~15
放松	内容2：慢跑、静态牵拉	10~20
	内容3：功能性身体训练	10~20

四、教师特征

（1）个性特征：积极的工作态度，公平、开放的思想，领导能力，明确的目标。

（2）专项技能：熟练的技术、战术能力，掌握整体战术体系；一般和专项理论知识（心理、生理、解剖和营养学）；训练与教学课的组织能力、计划能力。

（3）社会技能：交流与沟通能力、解决冲突的能力、决策能力、热爱工作、激励和动员能力。

（4）教学技能：清晰的阐述教学理念、具备教学方法、具备教学理论。

五、教学组织

（1）场地与器材的准备

（2）训练人数

（3）将队员划分小组

（4）划分练习区域

（5）给队员分位置

（6）教师的指导

总之，教师在整个教学中，最主要的任务是控制教学过程，主要包括：讲解、示范、观察、干预指导、调整修改。在教学组织中，教师要保证能够时刻观察到所有学生。同时训练区域的大小和划分必须与实战比赛相一致。

第三节　沙滩足球技术教学与方法

一、沙滩足球进攻技术教学

依据足球专项技术攻守属性特征为分类标准，将沙滩足球基本技术分为进攻技术、防守技术和守门员技术。进攻技术就是队员在沙滩足球比赛中，一些用于控球、进攻组织和保护球权的技术行为。它主要包括了传球技术、接停球技术、运控球技术、射门技术4项。

（一）传球技术

沙滩足球中的传球就是队员有目的地将球踢给队友。队员主要用脚来完成这项技术。另外，沙滩足球比赛中也经常可见队员用大腿、胸部、头、肩等方式来做传球，同时这些传球技术多是球在空中状态下完成。传球技术又分为传地滚球和传空中球技术。传球技术动作组合结构又分为直接传球、挑-传球技术。

1. 传地滚球技术

队员在完成传地滚球技术时，首先尽量避免足球停留在沙坑里，因为这样不仅传球难度增加，同时还容易造成脚或踝关节的损伤。

● 教学内容：二人传球、三人传球等多种形式是沙滩足球中传球练习的基本内容，其本质要求就是传球-跑动-再接球。这些内容多安排在热身部分、基本技术教学部分和球性练习。

● 教学要点：身体正对传球方向；支撑脚靠近球，站在球的后面；传球前要抬头观察目标；注意传球的节奏和时机。

2. 挑-传球技术

沙滩足球比赛中，运动员经常将球从沙子上挑起来后完成空中传球技术。这种传球方式对运动员技能要求高，同时还要具备良好的身体平衡能力。因为运动员要在不平坦的沙子上以单腿支撑的方式，完成空中传球动作（图3-1）。

图3-1 挑传球技术图

● 教学内容：挑-传、运-挑-传是挑传球技术基本的练习方式。这些内容多安排在热身部分、基本技术教学部分和球性练习。

● 教学要点：挑球技术的准确性，脚接触球部位、力量、身体的平衡。

3. 空中传球技术

沙滩足球比赛中运动员总是企图将球控制在空中。当运动员接到空中来球时，为了保持比赛的节奏和进攻速度，他们更多采用一脚空中传球技术。就像挑传球技术一样，空中传球技术也应该被经常练习。而且，运动员可以运用规则允许的身体部位来完成传球技术，如脚、大腿、胸、肩或者头部。

●教学内容：两人颠传球、传–跑二过一配合、足排球等。这些内容多安排在热身部分、球性练习。

●教学要点：预判和选位；脚接触球部位和力量；传球时机。

4. 传球技术练习方法举例

（1）两人传接球练习（图3–2）

●目的：提高学生基本传球技术水平。

●方法：学生2人一组，间隔10米原地做传接球，分别做传地滚球和挑传空中传球。

●指导要点：A. 地滚球可以用脚内侧或脚掌指根处踢球；B. 踢球前，将球移动至沙堆的顶部，不要在沙坑底部踢球；C. 注意力量。

●变化：传地滚球、挑传空中球。

●区域：学生间隔15m。

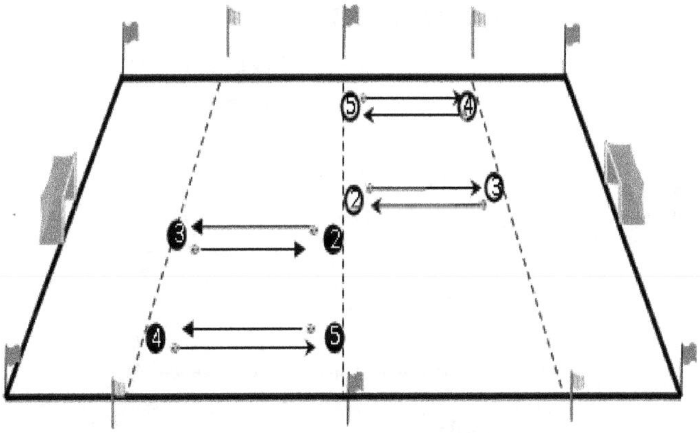

图3–2　两人传接球练习

（2）三角传球练习（图3–3）

●目的：提高学生基本传球技术水平。

●方法：学生4人一组，在10m×10m区域内做传接球，传球后跑到下一个位置，连续交换传球位置。

●指导要点：A. 用脚内侧或脚趾指根处踢地滚球；B. 将球用前脚掌挑起，用脚内侧传空中球；C. 注意力量。

●变化：限制触球次数，增加防守人。

●区域：15m×15m（三角形）。

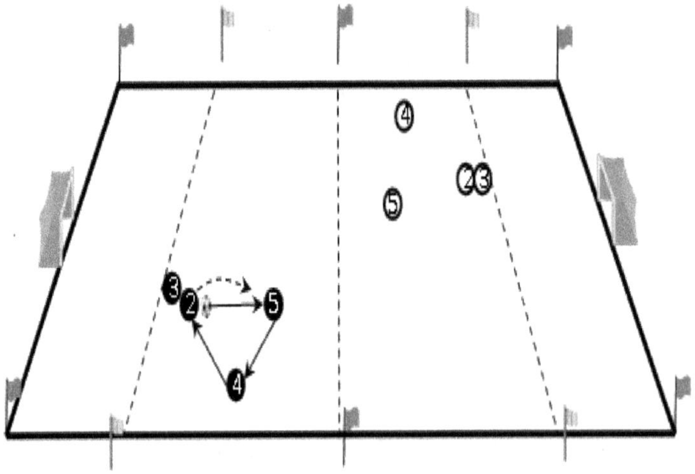

图3-3 三角传球练习

（3）传球射门练习（图3-4）

●目的：提高学生传球技术运用能力。

●方法：将学生分成两组，每组4人，在半场内进行3攻1传球射门练习。进攻方连续传递3次以上，才能完成射门；每次交换一名防守队员。

●指导要点：A. 传球的力量和方向；B. 传球的时机；C. 尽量减少触球次数，快速完成练习。

●变化：限制触球次数，增加对抗人数。

●区域：半场区域。

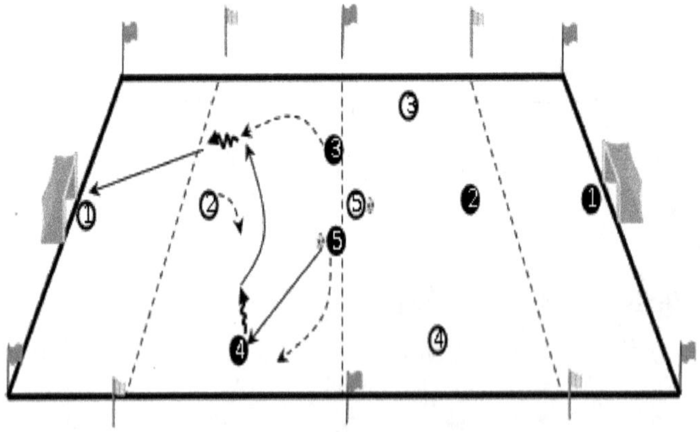

图3-4 传球射门练习

（二）接控球技术

在沙滩足球比赛中，接控球主要包含了接停球和运控球两项技术。比赛中运动员不仅要接停同伴的空中传球或地滚传球，同时还要将球运控好。运动员可以运用身体不同的部位完成接控球技术，如脚、胸、大腿等部位。同时，它要求运动员要具有出色的技术能力、协调性和平衡能力，尤其是在沙子上完成对球飞行路线的判断以及保持身体的平衡要求更高。

接控球技术依据来球路线的不同状态，将其分为接控地滚球技术、接控反弹球技术、接控空中球技术。

1. 接控地滚球技术

运动员在接控地滚球时，准确地判断球在沙子上的滚动路线非常关键。其次是尽量用脚内侧部位来完成接球技术，它主要的优势是增加了脚触球的面积，同时更容易将球接在身体的控制范围以内。

● 教学内容：两人接控球练习（接-运-传）、两人以上配合中的接控球练习（接-运-传）等。这些内容多安排在热身部分、基本技能或战术教学部分。

● 教学要点：球路线的判断；保持身体的平衡；第一次接球质量（力量、方向、距离）。

2. 接控反弹球技术

运动员在接控反弹球时，准确地判断球落地的第一点非常关键。由沙子构成的场地是不平坦的，球一旦着地它的反弹角度难以预判，所以运动员尽量要在球落地瞬间将球接好。其次是尽量将球接控在活动中，若将球接停在原地（很容易停留在沙坑里），这样不便于运动员快速衔接下一个技术动作。

● 教学内容：两人接控球练习（接-运-传）、两人以上配合中的传接球练习（接-运-传）等。这些内容多安排在热身部分、基本技能或战术教学部分。

● 教学要点：对球落地第一点的预判；接停球的时机；保持身体的平衡；第一次接球质量（力量、方向、距离）。

3. 接控空中球技术

运动员在接控空中球时，保持身体的平衡能力和对球路线准确的判断非常关键。接空中球是沙足比赛中最重要的一项过渡性技术，尤其是在沙滩足球比赛第一次触球的质量，直接影响了队员比赛场上传球、控球或射门的效果。

● 教学内容：两人空中接控球练习（接-运-传）、两人以上配合中的传接球练习（接-运-传）、配合射门练习等。这些内容多安排在热身部分、基本技能或战术教学部分。

● 教学要点：球线路的预判；保持身体的平衡；第一次接球质量（力量、方向、距离）。

4. 接控球技术练习方法举例

（1）四角传接球练习（图3-5）

● 目的：提高学生基本传接球技术能力。

● 方法：学生8人一组，站成正方形做斜线-直线连续空中传接球练习。

● 指导要点：①接球前选位；②接球的部位；③接球后下一个衔接动作。

● 变化：增加技术难度，限制触球次数。

• 区域：15m × 15m（正方形）。

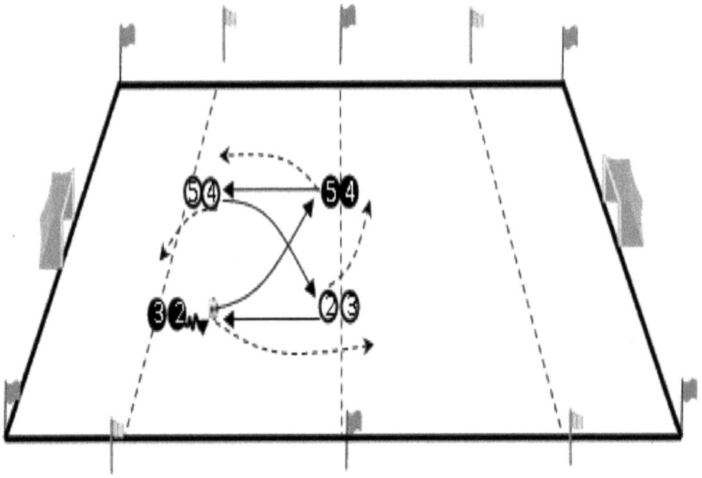

图3-5 四角传接球练习

（2）三人传接球练习（图3-6）

• 目的：提高学生基本传接球技术能力。

• 方法：学生4人一组，站成一排，每人间隔10米，如图做连续的空中传接球练习。

• 指导要点：①接球前选位；②接球的部位；③接球后下一个衔接动作。

• 变化：增加技术难度，限制触球次数。

• 区域：15m × 15m（正方形）。

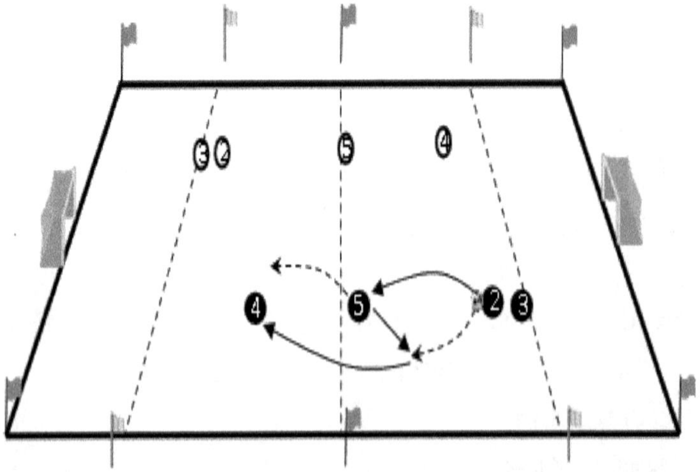

图3-6 三人传接球练习

（3）足网球比赛（图3-7）

• 目的：提高学生接控球技术运用能力。

• 方法：学生4人一组，在规定的区域里做2对2足网球比赛。要求：球落地失分，出界失分，每人至少触球1次才能踢过半场，在规定的时间内得分多的组获胜。

●指导要点：A. 接球前选位；B. 接球的部位；C. 接球后下一个衔接动作。

●变化：限制触球次数，增加对抗人数。

●区域：10m×15m。

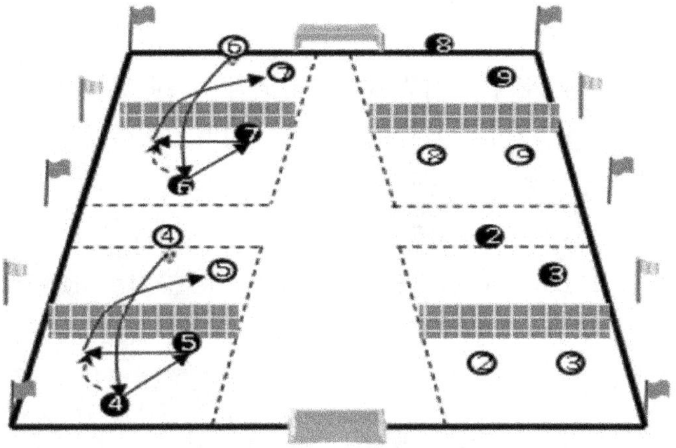

图3-7　足网球比赛

（三）射门技术

沙滩足球比赛中的射门就是指运动员有目的性地将球踢向球门的技术动作总称。沙滩足球比赛中射门技术是最具欣赏性的一项技术动作，同时由于比赛场地尺寸较传统足球比赛要小，使得球门与球门之间的距离缩短，也因此铸就每场比赛出现更多次的射门。

依据运动员运用射门技术动作时球的状态，可以将射门技术分为：地滚球射门、挑-射、凌空射门（倒钩射门、侧凌空射门）、头球射门、定位球射门（球固定在小沙堆上）5类。

1. 地滚球射门技术

运动员在完成地滚球射门技术时，首先尽量避免足球停留在沙坑里，不然很容易造成脚或踝关节的损伤。由于运动员射门技术动作发出的力量远大于传球动作，所以为了避免受伤这一点非常重要。

●教学内容：个人运球射门、接-运-射、两人配合后的运-射等。这些内容多安排在热身部分、基本技能教学部分或位置技术部分。

●教学要点：球在沙面上滚动中完成射门；身体正对目标；支撑脚站于球侧后方；身体的平衡；射门的力量。

2. 挑球-射门技术

沙滩足球运动员为了提高射门时的力量和准确性，经常是先把球挑起来后再完成射门。这项技术动作对运动员技能要求高，需要不断的重复练习。这种射门方式可以有效地降低沙子对球运行路线的阻挡，同时因为它由两个技术动作构成，所以技术更加复杂，在防守队员的强对抗状态下很难运用。

● 教学内容：个人挑球-射门、运-挑-射、两人配合后的运-挑-射等。这些内容多安排在热身部分、基本技能教学部分或位置技术部分。

● 教学要点：球在沙面上滚动中完成射门；身体正对目标；支撑脚站于球侧后方；身体的平衡；射门的力量。

3. 凌空射门技术

在沙滩足球比赛中，第一次触球时直接完成射门是一项重要的射门得分技术。通常情况下，运动员多采用脚来完成空中的直接射门。但是，如果是在接近球门线附近选择直接射门时，运动员有时会采用大腿、胸、肩或头部射门。

（1）倒钩射门，它是沙足比赛中难度最高的技术，同时也是运动员最具欣赏的运动技能。比赛中运动员常常将球颠控在胸部高度，或用头部颠控球后，或将球挑起来后完成倒钩射门。另外，高水平运动员也经常接守门员或队友的过顶球后直接完成倒钩射门（图3-8）。

图3-8 倒钩射门

技术动作要点：运动员跳起，上体后仰成90度左右，同时摆动腿朝球移动。之后摆动腿与支撑腿做剪刀式交叉移动，迅速抬起支撑腿并用脚背正面踢球。当运动员踢球的一瞬间，身体应向踢球腿反方向转身，这样可以借助一侧手臂进行缓冲式着地，以减少身体后背着地时造成受伤的风险。

（2）侧凌空扫射，运动员完成侧凌空扫射时，首先是起跳的同时向一侧完成90度旋转。当运动员踢球时，整个身体在侧身腾空状态下完成，同时以侧身缓冲式着地（图3-9）。

图3-9 侧凌空射门

● 教学内容：凌空射门依据球的高度一般分为：凌空抽射、侧凌空扫射。这些内容多安排在专项技能教学部分或位置技术部分。

● 教学要点：射门时，身体保持平衡；踢球的时机；准确的力量；动作的协调性。

4. 头球射门技术

在沙滩足球比赛中球员运用头球技术完成射门，或头球传给队员时，运动员必须具备良好的技术能力和身体协调能力。尤其是要克服在松软的沙地上起跳和保持平衡的能力。

● 教学内容：头球技术依据身体顶球时的状态，一般分为原地头顶球、跳起头顶球、鱼跃头顶球。这些内容多安排在专项技能教学部分或位置技术部分。

● 教学要点：用前额触球；头触球的瞬间，身体爆发式收缩，用力；双眼看球。

5. 定位球射门技术

在沙滩足球比赛中，定位球射门主要是指直接任意球射门，它是一种特殊的射门方式。沙滩足球比赛规则允许运动员在主罚任意球前，可以用脚或者球垒出一个沙堆，将球放在上面以便运动员更好地完成射门动作。但是，不允许用手触摸沙子。另外，沙滩足球比赛中攻方主罚任意球时，因为不允许排人墙和场地小的原因，所以任意球得分成为沙足比赛中非常重要的得分手段。

● 教学内容：任意球射门练习依据球与球门线之间的距离，一般分为13米、15米、18米、21~23米几个典型距离的射门，同时也要区分边路和中路射门。由于规则要求，比赛中任意球都是由被犯规队员主罚，因此所有队员都要进行任意球射门练习，包括守门员。任意球射门多安排在练习结束部分的个人训练或专项技术练习部分。

● 教学要点：射门前，可以将球放在小沙堆上，或者一块平坦的沙子上；身体正对目标；支撑腿站在球后踏立足，完成射门；力量；尽量踢反弹球。

6. 射门技术练习方法举例

（1）中路射门练习（图3-10）

● 目的：提高学生射门技术能力。

● 方法：学生4人一组，持球学生在中线附近与9米线上队友做二过一配合，接球后完成射门，射门应在9米禁区外。

● 指导要点：A. 身体保持平衡；B. 脚背正面触球；C. 球在运动中完成射门；④尽可能射低平反弹球。

● 变化：变化射门方式、区域。

● 区域：半场区域。

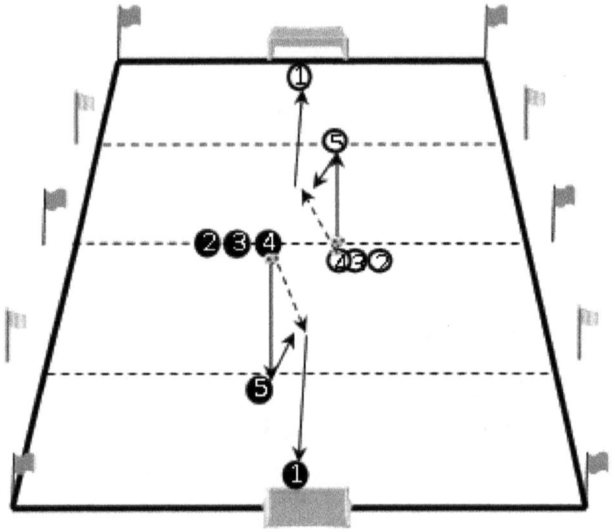

图3-10 中路射门练习

（2）边路射门练习（图3-11）

● 目的：提高学生射门技术能力。

● 方法：学生4人一组，持球学生在底线附近与9米线上队友做二过一配合，接球后完成射门，射门应在9米禁区外。

● 指导要点：A. 身体保持平衡；B. 脚背正面触球；C. 球在运动中完成射门；④尽可能射低平反弹球。

● 变化：变化射门方式、区域。

● 区域：半场区域。

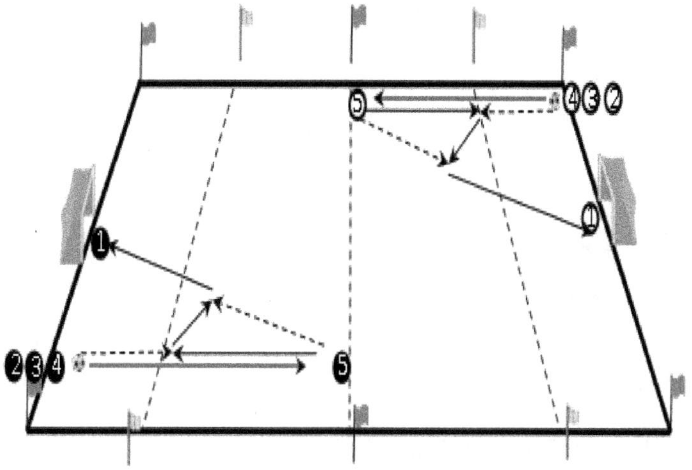

图3-11 边路射门练习

（3）任意球射门练习（图3-12）

- 目的：提高学生任意球射门技术能力。
- 方法：学生每人一球，分别在9米、13米、15米、18米距离处，完成原地任意球射门。
- 指导要点：A.身体保持平衡；B.脚背正面触球；C.尽可能射低平反弹球。
- 变化：变化距离、位置（中、边路）。
- 区域：半场区域。

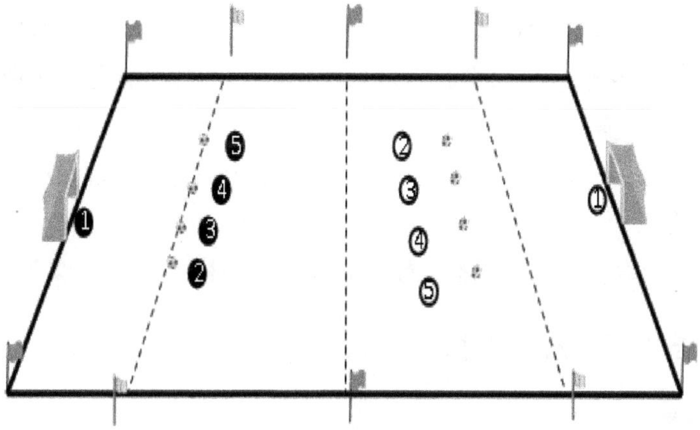

图3-12 任意球射门练习

二、沙滩足球防守技术教学

（一）抢球技术

抢球技术主要是指比赛中防守队员有目的地将攻方队员的控球权抢夺过来或破坏掉的防

守行为。抢球时一定要避免犯规，因为沙足比赛中任意球没有人墙，得分概率更高。同时，抢球时要尽量避免倒地，因为防守队员一旦倒地，就更难从沙地上快速起身，从而耽误有效防守的时机。

● 教学内容：一对一的正面抢球、侧面抢球和背身抢球技术。这些练习内容多安排在个人技能教学部分或位置技术部分。

● 教学要点：防守队员侧身站位、双膝微屈，将重心置于前脚掌；尽量迫使用弱侧脚运球或向边路运球；抢球的时机、避免犯规。

（二）断球技术

断球技术就是持球队员向队友传球时，被防守队员识破传球意图，并且将球权夺过来或破坏掉。同时，也要尽量避免技术犯规。在沙滩足球中，断球技术更多地用于头球争顶断球或跨抢断球技术动作。

● 教学内容：一对二、二对三等以少防多的对抗练习，这些练习内容多安排在小组练习或位置技术练习部分。

● 教学要点：阅读对手意图、判断球飞行路线；人球兼顾；断球时间、决策。

（三）封堵球技术

封堵球技术是沙滩足球比赛中最常用的防守技术之一。比赛中防守队员通过选位阻挡持球队员传球、运球或射门的一种被动式防守技术。防守队员在运用封堵球防守技术时，不能将两臂张开，这样属于犯规行为。同时，封堵球时防守队员尽量避免调转身体，以免被持球队员利用假动作晃过或突破。

● 教学内容：一对一、一防二等对抗练习，这些练习内容多安排在小组练习或位置技术练习部分。

● 教学要点：避免调转身体、不要跳向持球队员，同时不要轻易失去重心。

（四）防守技术练习方法举例

1. 一对一攻守练习（图3-13）

● 目的：提高学生一对一抢球技术能力。

● 方法：学生分成两组，防守人在底线传球给进攻人，之后一对一完成射门。每次练习后交换攻守角色。

● 指导要点：A. 快速靠近对手；B. 驱赶对手向边路运球；C. 伺机抢球；D. 不能盲目出脚或跳向对手。

● 变化：一对一、二对一、二对二。

● 区域：15m × 15m。

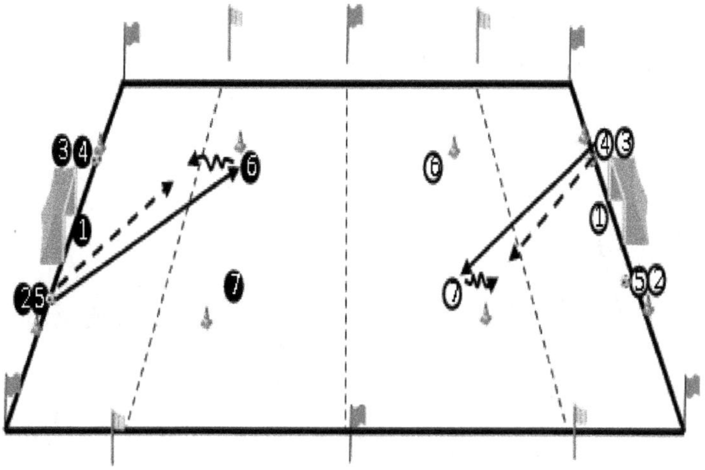

图3-13　一对一攻守练习

2. 断球防守练习（图3-14）

● 目的：提高学生断球防守技术能力。

● 方法：在场地内3对3，前场2对2，后场1对1射门，前场防守人不允许回到本方半场，球进入前场后攻方可有1名队员过线进攻（2对1）；一组攻守结束后，换组练习。

● 指导要点：A. 观察；B. 选位；C. 断球时机；D. 快速由守转攻。

● 变化：无区域限制、守门员直接给前锋。

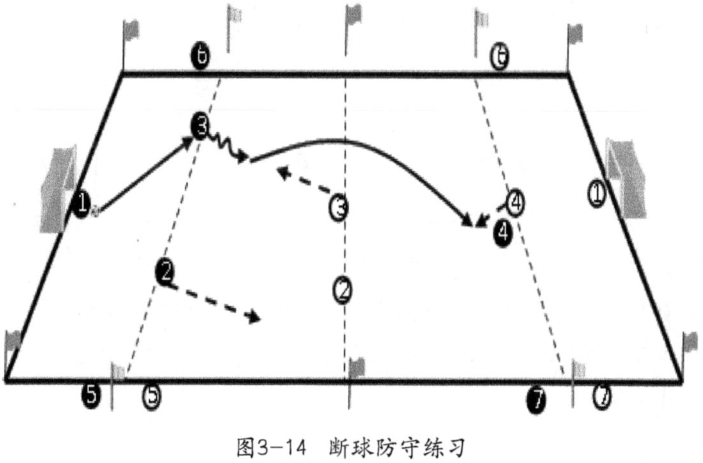

图3-14　断球防守练习

3. 实战对抗练习（图3-15）

● 目的：提高学生防守技术运用能力。

● 方法：学生5人一组，在前、后场区域2对1，中场区域2对2；防守者不能越区，进攻者可以有1人越区参与进攻。

● 指导要点：A. 防守者观察；B. 选位；C. 断球时机；D. 快速由守转攻。

- 变化：常规比赛、守门员直接给前锋。
- 区域：前场长12m、中场长12m、后场长12m，宽20m标准场地。

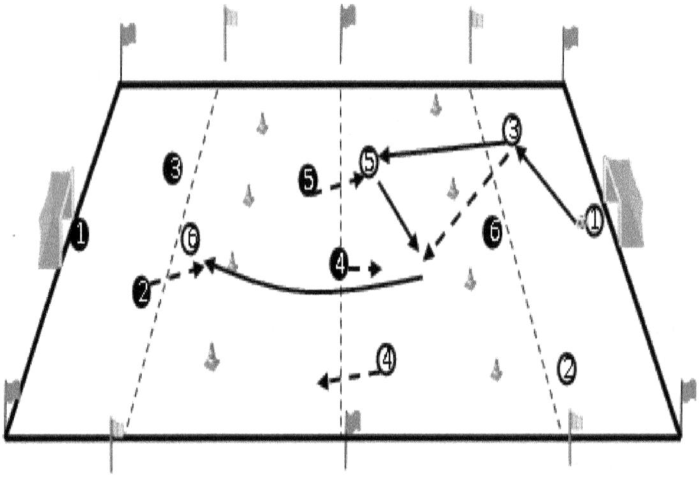

图3-15 实战对抗练习

三、沙滩足球守门员技术教学

在沙滩足球比赛中，由于守门员处于关键位置，也因此决定了他在进攻组织、保护球门方面都起到了重要的作用。对于沙滩足球的守门员来说，最大的挑战应该是射向球门的球如果是地滚球或反弹球，而引起的足球运行方向上的改变。

（一）掷球技术

守门员是沙滩足球中最重要的队员之一，甚至被称作沙滩足球比赛中的指挥者。他不仅要参与防守训练中的练习内容，同时进攻练习中的部分也必须有守门员。沙滩足球没有传统足球的脚踢球门球，而是由守门员以手掷球的方式发出。所以守门员的手掷球技术成为进攻发起的关键技术。在沙滩足球比赛中，守门员往往成为进攻得分最初组织者，也因此很多的进球都是由守门员直接发球后完成的，或在3次传递以内完成。守门员的掷球技术一般分为高手掷球和低手掷球两种。

1. 高手掷球技术

高手掷球一般是指守门员抛长距离球时，出球时手在肩关节以上的手传球技术动作。如果抛球路线上没有防守队员干扰，可以抛地平直线快球；若有防守队员干扰，可以选择抛过顶下坠弧线球。

技术动作要点（右手掷球）：守门员单手掌心持球，重心置于后腿，展腹同时手掌托球，手臂后伸预摆。抛球开始时后腿蹬地、收腹，左臂下压的同时右臂迅速前摆，球出手的一瞬间用手腕动作（下压）控制球的出手角度。高手掷球技术的抛球力量大，飞行速度快，是守门员发动反击和快攻战术时最主要的技术动作。

- 教学内容：守门员参与的战术练习、反击战术、快攻战术以及前锋的位置技术练习。
- 教学要点：保持身体平衡；动作的协调性；出手角度；抛球的力量、准确性、弧度。

2. 低手掷球技术

低手掷球是指守门员用手抛短距离传球的技术动作。比赛中主要用于本方半场内的手传球技术。一般情况下当守门员获得球权后，为了方便队友更容易、更快地完成下一个技术，守门员往往会选择用下手传球的方式将球直接抛到队友的脚上、大腿或胸部等位置，这样队友就可以一次触球直接传球或一停一传，避免了球在沙面上的滚动变向、变线的不确定性。

技术动作要点（右手掷球）：守门员单手掌心持球，重心置于两腿之间，展腹，手臂后伸预摆。抛球开始后腿蹬地、收腹，左臂向后回收的同时右臂迅速前摆，球出手的一瞬间手指上勾、肘关节固定，肩关节前送。低手掷球技术的准确性高，动作隐蔽、灵活，是守门员组织进攻时最主要的技术动作。

- 教学内容：守门员参与的战术练习、与后卫配合完成的传射位置技术练习。
- 教学要点：保持身体平衡；动作的协调性；出手角度；抛球的力量、准确性、弧度。

（二）接球技术

沙滩足球比赛中守门员的手接球技术主要包括接对手的射门和同伴的回传球。由于场地小，守门员接挡到球之后可以利用手掷球的方式发动快速进攻。比赛中常见的手接挡球技术分为：接空中球、接地滚球和接反弹球三种技术。

1. 接空中球技术

守门员接空中球技术是比赛中最为常见的守门员专项技术。它主要指守门员用身体部位接挡住对手的空中球射门或者本方球员的空中回传球。在沙足比赛中守门员接同伴的空中回传球后发动进攻是重要的进攻战术之一。一般情况下，持球人被对手贴身紧逼时，常常会选择挑传守门员发动进攻。因此，沙足守门员的接球练习区域不仅仅局限在门线附近，同时应有禁区内接球后发动进攻的练习内容。

- 教学内容：门前专项射门接球技术练习；接球+组织进攻战术练习；角球+反击练习等形式；一般安排在守门员专项练习或整体战术练习部分。
- 教学要点：预判球的路线、保持平衡、移动选位；接胸前平球，接球瞬间双手张开，拇指相对，腕关节固定，前臂迅速回收将球接在胸前；接半高球时，重心降低、上体前压、前臂肘关节夹紧回收抱球。

2. 接地滚球技术

沙足比赛中，它主要指守门员用身体合理部位接挡住对手的地滚球射门或者本方球员的地滚球回传。这项技术难度较大，因为球在沙地表面运行轨迹不是直线，容易变向，所以守门员接地滚球时，首选是单膝跪地挡球，之后再依据球的线路选择抱接球。

● 教学内容：门前专项射门接球技术练习；接球+组织进攻战术练习；射门+反击练习等形式；一般安排在守门员专项练习或整体战术练习部分。

● 教学要点：预判球的路线、保持平衡、移动选位；手的位置（身体前方接球）；接球瞬间重心降低、上体前压、前臂肘关节夹紧接球。

3. 接反弹球技术

沙滩足球比赛中反弹球射门是得分的主要手段。在沙地上比赛，守门员对球落地后反弹方向的预判以及接挡球的时机把握难度最大，这也是接反弹球射门练习的核心内容。练习过程中要求守门员不能站在原地接反弹球，而是始终要判断球的第一落点，重心向前，尽可能在球弹地的一瞬间，将球接挡在身体控制范围以内。

● 教学内容：门前专项射门接球技术练习；接球+组织进攻战术练习；射门+反击练习等形式；一般安排在守门员专项练习或整体战术练习部分。

● 教学要点：预判球的路线、保持身体平衡、手的位置（身体前方接球）；避免轻易失去重心；接挡第一落点；若不能接住球，应将球击出危险区。

（三）脚踢球技术

守门员的位置特点决定了在进攻和防守方面他都起到了重要的作用。尤其是在进攻方面，脚踢球技术成为现代沙滩足球比赛中守门员最重要的一项技术能力。它主要包含了守门员的脚传球和挑射门两项技术。

1. 脚传球技术

守门员在沙足比赛中可以接同伴的回传球，也因此脚传球技术成为守门员参与进攻、组织进攻、发动进攻的主要技术之一。比赛中守门员经常将球从沙子上挑起来用脚内侧、外侧或脚背完成空中传球。这种传球方式不仅安全，同时也能够便于同伴直接完成下一个连接动作。因此，挑传球成为守门员脚传球的主要方式，其中脚内侧传球运用最多。

● 教学内容：挑–传、接–挑–传是守门员传球技术基本的练习方式。一般安排在守门员专项热身部分、基本技术教学部分。

● 教学要点：挑球技术的准确性；脚触球的部位、力量、身体的平衡。

2. 射门技术

沙滩足球比赛场地小、禁区范围较大，这些特征都使守门员在比赛中有更多的参与进攻机会。其中，守门员挑球射门成为其主要的脚踢球技术和进攻得分手段。它主要包括了挑球和凌空射门两项技术。

● 教学内容：守门员专项挑球–射门（距离对方球门25米以上）、接–挑–射等。一般安排在守门员专项热身部分、基本技术教学部分。

● 教学要点：身体正对目标，支撑脚站于球侧后方，挑球技术的准确性，脚触球的部位、力量、身体的平衡，尽量射反弹球。

（四）守门员技术练习方法举例

1. 掷球技术练习方法举例

（1）高手掷球技术练习（图3-16）

● 目的：提高守门员高手掷球技术能力。

● 方法：教练员发球，守门员接球后快速跑到禁区顶部，以高手掷球的方式，将球传给中锋4号（左右两侧），重复练习。

● 指导要点：A. 准确性，向队友脚下、大腿或胸部掷球；B. 力量；C. 平快球；D. 避免抛给同伴反弹球。

● 变化：变换掷球的路线。

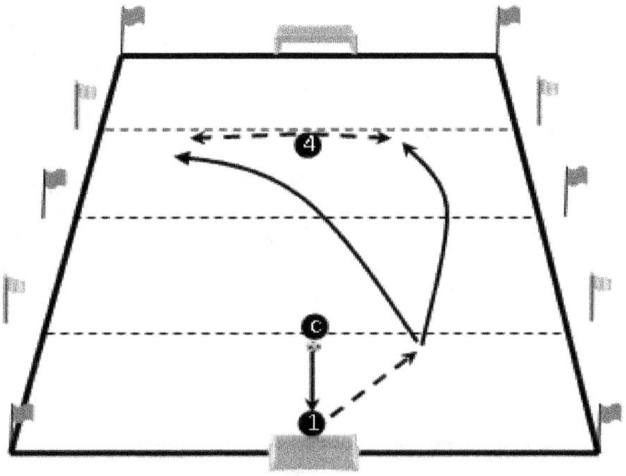

图3-16 高手掷球技术练习

（2）低手掷球技术练习（图3-17）

● 目的：提高守门员低手掷球技术能力。

● 方法：学生4人一组，交替练习，❺在9米线外将球挑传给守门员，之后到中线接球，守门员以低手掷球的方式传给他，接球后完成射门；练习从另一侧重新开始。

● 指导要点：A. 准确性，向队友脚下、大腿或胸部掷球；B. 力量；C. 平快球；D. 避免抛给同伴反弹球。

● 变化：变换掷球的路线。

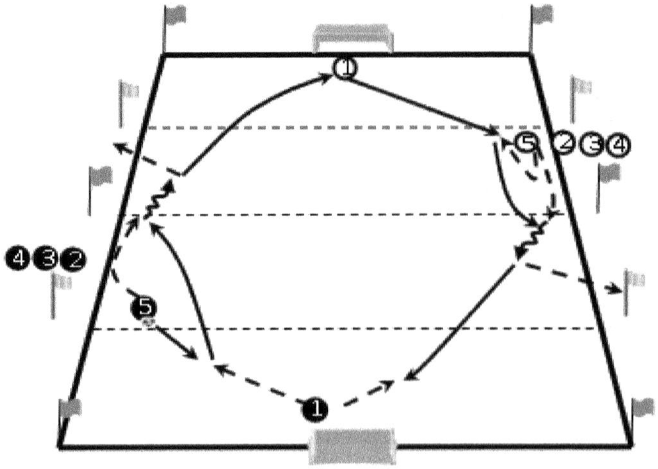

图3-17 低手掷球技术练习

（3）掷球战术练习（图3-18）

- 目的：提高守门员掷球技术的运用能力。
- 方法：学生3人2-1队形，2人在本方半场9米外与1人在前场9米线外站位，守门员与一侧后卫做配合，自由选择运用高手掷球或低手掷球技术，完成射门，重复练习。
- 指导要点：A. 准确性，向队友脚下、大腿或胸部掷球；B. 力量；C. 平快球；D. 避免抛给同伴反弹球。

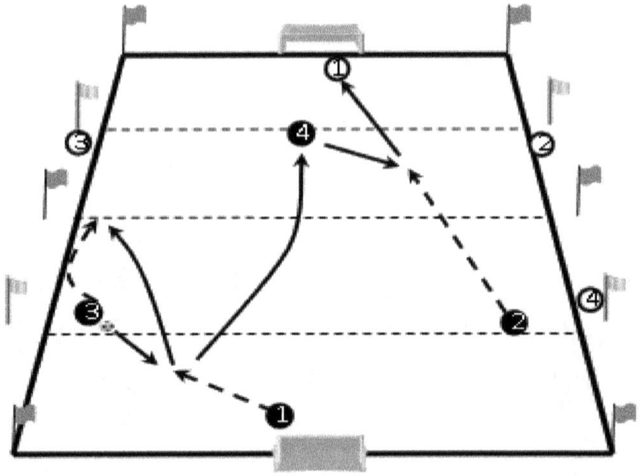

图3-18 实战对抗练习

2. 接踢球技术练习方法举例

（1）接球技术练习（图3-19）

- 目的：提高守门员接球技术能力。
- 方法：教练员发球，守门员接球后将球掷回传球人，左右移动、重复练习。
- 指导要点：A. 预判球的路线；B. 保持平衡；C. 移动选位；D. 技术动作的准确性。

● 变化：变换接球的路线。

● 区域：禁区范围。

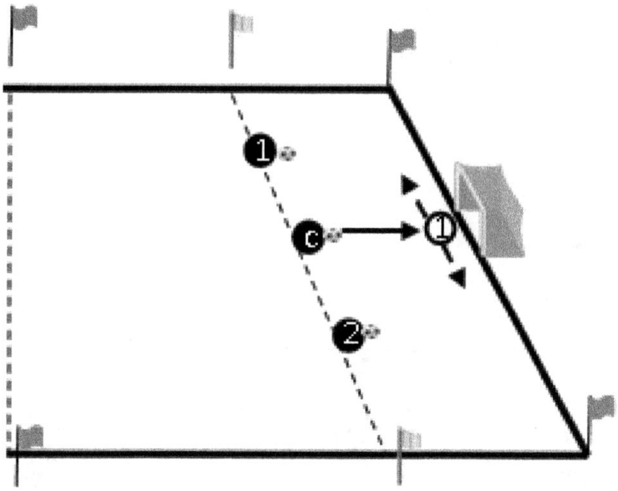

图3-19　接球技术练习

（2）射门技术练习（图3-20）

● 目的：提高守门员踢球和射门技术能力。

● 方法：两名守门员在两个禁区内相对而站，一人持球射门，一人在门内接挡球，循环练习。

● 指导要点：A. 身体正对目标、支撑脚站于球侧后方；B. 挑球技术的准确性、脚触球的部位、力量、身体的平衡；C. 尽量射反弹球。

● 变化：变化球的位置、限制触球次数。

● 区域：全场区域。

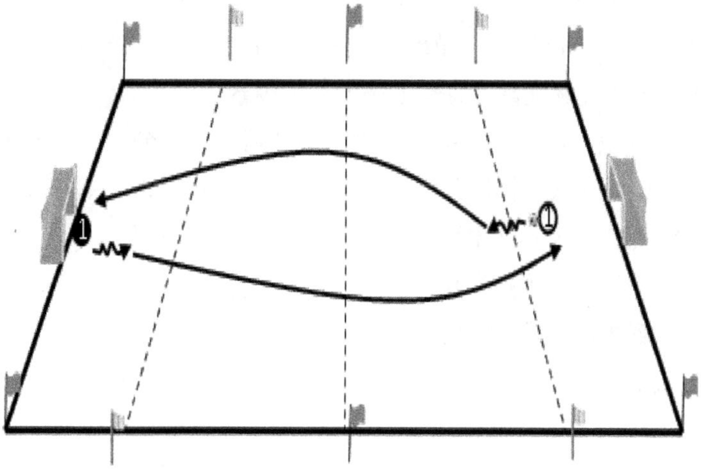

图3-20　射门技术练习

（3）实战对抗练习（图3-21）

● 目的：提高守门员技术的运用能力。

● 方法：全场3v3对抗练习，守门员参与进攻形成4v3局面，依据情况选择传或射。

● 指导要点：A.身体正对目标、支撑脚站于球侧后方；B.身体的平衡；C.传球准确性，向队友脚下传球；D.射反弹球。

● 变化：增加对抗人数。

● 区域：全场区域

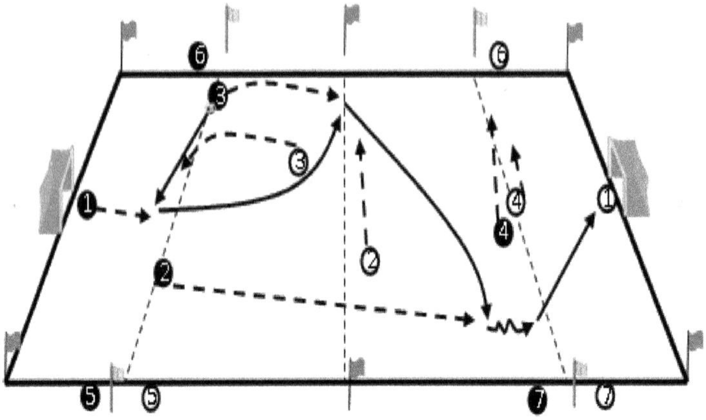

图3-21 实战对抗练习

第四节 沙滩足球战术教学与方法

沙滩足球战术训练是教学活动的核心部分，是发展队员比赛能力的主要手段。它是培养运动员阅读比赛、快速决策能力的基础。更加强调训练内容的设计与实战相一致，以提高队员在不同场景下，不同的战术阵型下，高速执行战术行为的和灵活运用的能力。它的本质就是培养队员阅读比赛、分析场景、做出决策和行动的思维及意识培养的过程。在这个过程中，准确性、速度和压力是影响战术训练效率的三大因素。

依据足球专项战术攻守属性为标准，将沙滩足球基本战术分为进攻战术、防守技术。进攻与防守战术以参与队员人数为标准分为：个人战术、小组2~3人战术和整体战术。

依据沙滩足球比赛特点，其战术训练与教学指导原则一般包括。

● 制定与实战相一致的训练内容与方法。

● 分主题训练，解决场上具体问题。

● 重视有效的重复次数。

● 战术训练要有变化，具有一定的挑战性。

● 战术训练中的准确性、速度、时机和流畅性是战术训练指导的关键点。

一、沙滩足球进攻战术教学

沙滩足球比赛人数少，使进攻战术配合结构相对简单；比赛场地尺寸小、守门员直接参与进攻或完成射门机会更多，使进攻战术变得更加直接、效率更高，这些都是沙滩足球比赛的专项竞赛特征。在沙滩足球进攻战术训练与教学中更加重视配合的简单、熟练，以及准确的把握配合的时机和速度方面的要求。

（一）个人进攻战术

个人进攻战术指运动员在进攻中一对一或一对多人时采用的战术方法。它在训练中更加关注在简单情景下个人进攻的表现，例如身体姿态、角度和重心分布，阅读能力、决策能力和动作选择的灵活性。

1. 一对一持球进攻战术

沙滩足球比赛中的一对一持球进攻就是指持球队员通过安全的运控球，或合理的传球保持控球权的个人进攻战术行为。一对一持球进攻战术一般为组合性战术行为，即运控球与后续动作相结合，如运–传，运–射，接–传等。

在沙滩足球实战中的一对一特点：（1）尽一切可能直接进攻球门：向前运过并快速射门；（2）利用速度和节奏，“简单”处理球后完成射门或摆脱；（3）没有运过机会，回传守门员，再转身摆脱防守接球后，完成传球或射门；（4）利用第一时机在防守压力下直接完成射门；（5）若向前路线被封堵，没有传球或射门机会，首先是先要护住球，不丢球。

● 教学内容：正面一对一、背身一对一、一对一进攻快速射门等形式，安排在课的主题部分或位置战术教学部分。

● 教学要点：动作简练；保持快速同时要有节奏变化；不要盲目粘球；传、射时机的把握。

2. 一对一无球接应战术

沙滩足球比赛中一对一无球接应战术，即运动员通过一系列无球跑动行为，为自己或同伴接球创造出合理空当的无球战术行为。它一般包含无球接应和接球后行为两个部分。

比赛中一对一无球接应战术多表现为无球技术与有球技术相结合，无球为有球做准备，有球技术的质量依赖于运动员对空当的合理利用。常见的无球技术有变向跑、斜线跑、反向折返跑等形式，一般它与有球技术相结合，如跑位–接球–传球，跑位–接球转身–射门等战术形式。

● 教学内容：主要教学内容为一对一、二对二对抗射门练习，安排在课的主题部分或位置战术教学部分。

● 教学要点：变向、变速、向空当要球，接球时机，第一次触球质量。

3. 一对二以少攻多战术

沙足比赛中的一对二以少攻多战术，就是一名进攻队员对两名防守队员时，在人数不占优势的情况下，将球运控好的同时，找准时机尽快完成下一个技术行为。在实战中出现一对二局面时，运动员一般会选择利用身体挡球、用远端脚控制球，同时尽量向空当运球，在防守队员形成夹击之前，找到最佳时机选择下一步战术行为（多为传球或射门，一般不会选择运过，因为难度大，容易造成失误，被对手打反击）。

● 教学内容：二防一、三防二等形式的对抗练习；安排在课的主题部分或位置战术教学部分。

● 教学要点：抬头观察，护球姿势，传运球时机，快速决策。

4. 个人进攻战术练习方法举例

（1）一对一练习（图3-22）

● 目的：提高学生一对一进攻能力。

● 方法：学生分成攻守两组，在规定区域内做1v1攻守练习。底线学生先做防守传球，射进球门得分，由得分方守门员重新开球；每次练习10秒，每人共重复10次。每次练习后交换起始位置。

● 指导要点：A.动作简练；B.保持快速同时要有节奏变化；C.射门时机的把握。

● 变化：反抢3秒内进球得2分；限制控球时间等。

● 区域：15m×15m。

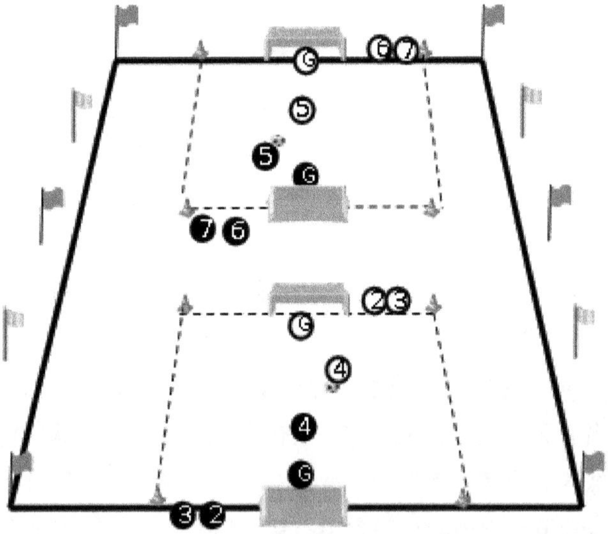

图3-22　一对一练习

（2）二对二防守练习（图3-23）

● 目的：提高学生无球接应能力。

● 方法：学生分成攻守两组，在规定区域内做2v2攻守练习。底线学生先做防守传球，射进球门得分，由得分方守门员重新开球；每次练习20秒，每人共重复10次。每次练习后交换起始位置。

● 指导要点：A.持球人抬头观察，护好球，传运球时机；B.无球接应人变向、变速、向空当要球；C. 接球时机，第一次触球质量；D. 射门时机。

- 变化：限制触球次数、限制射门时间（例如获得球后5秒完成射门）。
- 区域：15m × 15m。

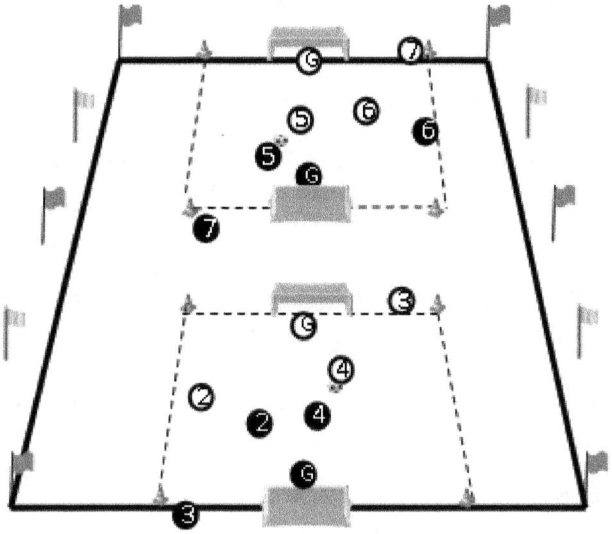

图3-23　二对二防守练习

（二）小组进攻战术

小组战术训练指以2~3名运动员为一个单元或小组，针对一个战术目的或问题进行的协作性练习。它在训练中更加关注在局部情景下小组配合进攻的表现，例如针对战术位置安排的小组战术练习、3后卫进攻、2后卫进攻等。小组战术训练主要目的就是提高小组内部的协作能力、不同比赛场景下解决问题的战术决策和统一行动的能力。

按照沙滩足球小组战术的配合方式，主要分为背套战术、墙式二过一战术、交叉掩护配合、挡拆配合4种。

1. 背套战术

背套战术是无球队员从持球队员身后绕过，创造出局部以多打少的优势（二打一配合），通过合适的时机进行传递或运突的一种小组进攻战术。它首选运用区域是在边路，中路同样有效。它最大的优势是通过无球队员的跑位，调动防守队员重新决策选位，从而为向前进攻创造出时机。运用背套战术时，持球队员一般有两个选择，（1）把握最佳时机将球传给跑位接应队员；（2）持球队员做出要传球的意图，突然改变行动，出其不意运过摆脱防守队员。

- 教学内容：以多打少对抗练习（二对一、三对二等形式）、等条件下的对抗练习（二对二、三对三、四对四等）；以少打多的对抗练习（二对三、三对四、四对五等）；安排在课的主题部分或位置战术教学部分。

● 教学要点：有效的无球接应行为；相近位置的轮转，创造以多打少局面；传跑时机；准确的短传。

2. 墙式二过一进攻战术

墙式二过一就是持球队员与无球队员间的一脚传递配合，通常利用斜传直插或直传斜插的配合方式越过防守队员。配合的实质就是进攻队员以防守队员为中心，进行三角形传–跑配合。墙式二过一配合在沙滩足球比赛中最为常见，配合形式简单，也是局部创造突破和射门机会最多的小组进攻战术。它对运动员准确的短传球技术和传跑时机要求较高。实际运用中，有直接和间接墙式二过一之分，主要依据回传球队员是直接传球还是接停球后，再传球。

● 教学内容：以多打少对抗练习（二对一、三对二等形式）、等条件下的对抗练习（二对二、三对三、四对四等）；以少打多的对抗练习（二对三、三对四、四对五等）；安排在课的主题部分或位置战术教学部分。

● 教学要点：准确的脚下传球；向空当前插接球，创造以多打少局面；传跑时机；准确的短传。

3. 交叉掩护进攻战术

交叉掩护配合是持球队员向防守队员运球，通过与无球接应队员的交叉重叠跑位，利用身后传球的方式改变进攻方向的小组进攻战术。交叉掩护配合持球队员主动向防守队员运球，寻求与同伴的配合战术形式。它对运动员的运控球技术能力要求高，因为，在沙地上运球难度大，相应的也增加了传球配合的难度。时机、节奏、跑动路线、隐蔽性是配合成功的关键因素。

● 教学内容：以多打少的对抗练习（二对一、三对二等形式）；等条件下的对抗练习（二对二、三对三、四对四等）；以少打多的对抗练习（二对三、三对四、四对五等）；安排在课的主题部分或位置战术教学部分。

● 教学要点：有效的无球接应；相近位置的轮转，创造以多打少局面；传跑时机；准确的短传。

4. 挡拆进攻战术

挡拆进攻配合是无球队员跑向持球队员的防守者，将其防守的路线挡住，为同伴摆脱防守创造时机和空间的小组配合战术。进行挡拆掩护的无球队员可在防守队员的身前、两侧或身后进行选位，一旦选位站住就不能再移动身体阻挡对手或张开双臂阻挡对手。

● 教学内容：以多打少对抗练习（二对一、三对二等形式）、等条件下的对抗练习（二对二、三对三、四对四等）；以少打多的对抗练习（二对三、三对四、四对五等）；安排在课的主题部分或位置战术教学部分。

● 教学要点：挡拆技术动作的准确性；相近位置的轮转，创造以多打少局面；传跑时机；准确的传球。

5. 小组进攻战术练习方法举例

（1）背套配合射门练习（图3-24）

● 目的：提高学生背套配合射门能力。

● 方法：学生4人一组，持球学生在中线附近与9米线上队友做二过一配合，接球后完成射门，射门应在9米禁区外。

● 指导要点：A. 准确的传球；B. 变向跑接应；C. 传跑的时机；D. 低平反弹球射。

● 变化：增加防守队员。

● 区域：半场区域。

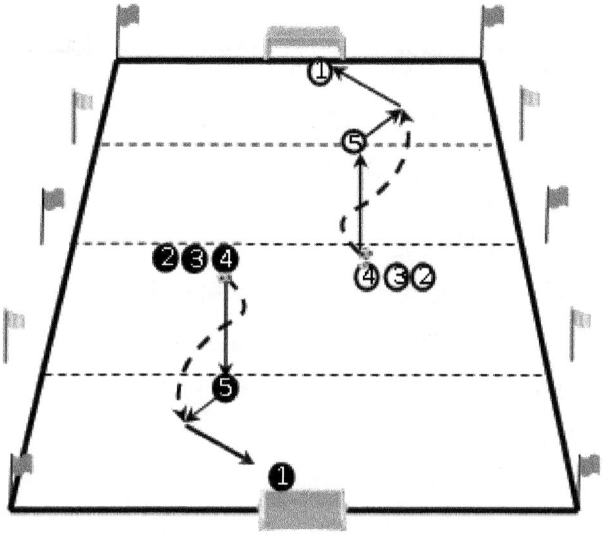

图3-24 背套配合射门练习

（2）墙式二过一射门练习（图3-25）

● 目的：提高学生二过一配合射门能力。

● 方法：学生4人一组，持球学生在底线附近与9米线上队友做二过一配合，接球后完成射门，射门应在9米禁区外。

● 指导要点：A. 准确的传球；B. 变向跑接应；C. 传跑的时机；D. 射低平反弹球。

● 变化：增加防守队员。

● 区域：半场区域。

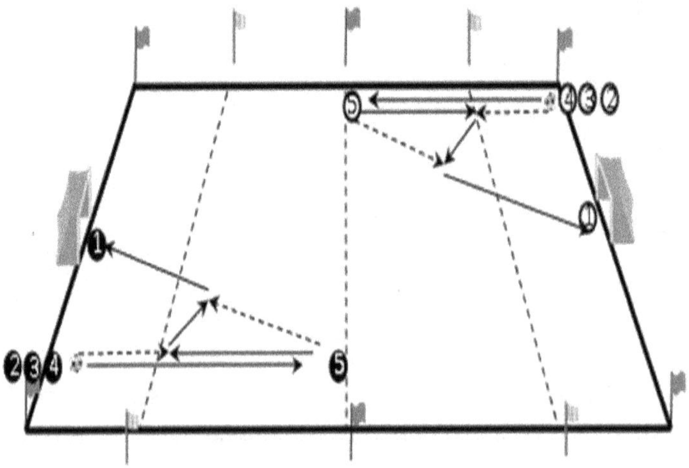

图3-25 墙式二过一射门练习

（2）3V2小组对抗练习（图3-26）

- 目的：提高学生小组配合射门能力。
- 方法：将学生分成两组，进行3v2对抗练习。每次进攻结束，射门队员或失误队员离场，防守方进入1人，始终形成攻方3v2的循环攻守练习。
- 指导要点：A.准确的传球；B.变向跑接应；C.传跑的时机；D.灵活选用配合战术。
- 变化：增加防守队员。
- 区域：全场区域。

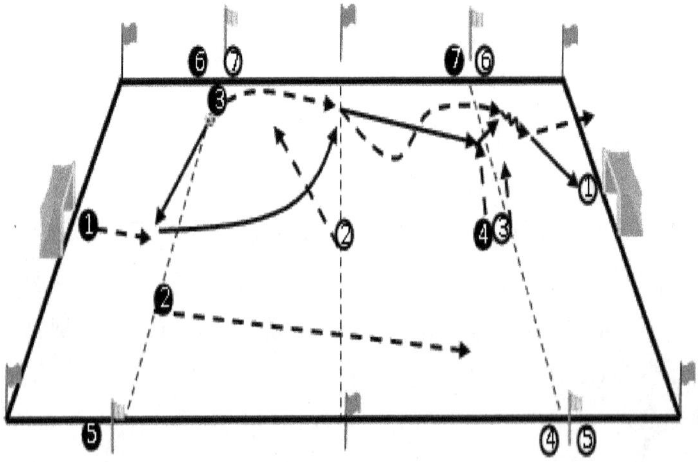

图3-26 3v2小组对抗练习

（三）整体进攻战术

整体战术训练指4~5名运动员作为一个战术整体进行配合协作的训练。练习中尽量将守门员也加入到练习当中，而且使用与实际比赛相一致的规则或要求。整体战术训练主要目的就是提高改进不同配合小组外部之间的协作能力、在复杂比赛场景下解决问题的战术决策和统一行动的能力。

整体战术训练一般的演练过程是，组织阵型-保持阵型—无球移动-制造空间-向前传球（结合球）-形成射门。整个过程更加关注在阵型下不同小组采取的进攻战术表现，例如针对不同阵型的下战术要求，位置安排要尽量有后卫、中场和前锋，至少也要有后卫和前锋两条线。

1. 进攻1-3-1战术

1-3-1是沙滩足球比赛中最常见的一种阵型进攻战术。它主要由3名后卫和1名前锋组成。这种进攻战术在实战中的表现特点：（1）可以充分利用场地的宽度，进行边路进攻配合；（2）更适合远射能力突出的队伍采用；（3）队伍可以在后场形成人数优势，以便控球和组织进攻；（4）后卫线与前锋距离过大，后卫需要跑到的距离远、体能消耗大；（5）前锋容易陷入单兵作战的局面；（6）战术变化相对较少（图3-27）。

图3-27 进攻1-3-1阵型

● 教学内容：1-3-1中路交叉跑、中卫前插战术、边路斜线跑等战术，整体战术练习一般作为课的主题部分内容，一周安排3~4次。

● 教学要点：清晰的进攻阵型；无球移动；传跑时机；尽快完成射门；快速的由攻转守；保持攻守位置平衡。

2. 进攻1-1-2-1战术

1-1-2-1阵型进攻战术主要由1名中后卫、2名边前卫和1名前锋组成。这种进攻战术在实战中战术变化多。实战中表现特点：（1）可以充分利用场地的宽度和纵深进行进攻配合；（2）边路队员能够更快地参与进攻，同时要求他们具备很强的体能水平；（3）战术变化多，要求队员必须具备很高的战术理解水平；（4）要求队员个人防守能力要强，尤其是中后卫经常处于一对一的防守局面；（5）边前卫身后的空当是防守弱点（图3-28）。

● 教学内容：1-1-2-1战术包括前卫中路交叉战术、边路二过一战术、边路下底包抄等战术，整体战术练习一般作为课的主题部分内容，一周安排3~4次。

● 教学要点：清晰的进攻阵型；无球移动；传跑时机；尽快完成射门；快速的由攻转守；保持攻守位置平衡。

图3-28 进攻1-1-2-1阵型

3. 进攻1-2-2战术

1-2-2也是沙滩足球比赛中最常见的一种阵型进攻战术。它主要由2名后卫和2名前锋组成。这种进攻战术在实战中的表现特点：（1）位置分工明确，2人防守、2人进攻；（2）对队员个人能力要求高，比赛中经常出现一对一攻守局面；（3）锋线队员容易忽视防守任务；（4）两条防守线之间空间过大，不易形成保护。（图3-29）

图3-29 进攻1-2-2阵型

● 教学内容：1-2-2战术包括守门员直传球战术、前锋交叉换位战术、边路换位等战术，整体战术练习一般作为课的主题部分内容，一周安排3~4次。

● 教学要点：清晰的进攻阵型；无球移动；传跑时机；尽快完成射门；快速的由攻转守；保持攻守位置平衡。

4. 进攻1-2-1-1战术

1-2-1-1进攻战术是由2名后卫、1名前卫和1名前锋构成。它的构成包括了三条线，在中路安排了1名前卫队员，这样进攻中不仅可以有效地支持前锋，防守时与2名后卫组合加强了中路防守的力量。实战比赛中表现特点：（1）更多的战术变化；（2）对中路队员的体能水平要求高。（图3-30）

图3-30 进攻1-2-1-1阵型

● 教学内容：1-2-1-1战术包括前卫中路斜线跑战术、中路2-1-1变2-2战术、边路下底包抄等战术，整体战术练习一般作为课的主题部分内容，一周安排3~4次。

● 教学要点：清晰的进攻阵型；无球移动；传跑时机；尽快完成射门；快速的由攻转守；保持攻守位置平衡。

5. 整体进攻战术练习方法举例

（1）1-3-1整体进攻练习（图3-31）

● 目的：提高整体1-3-1进攻能力。

● 方法：攻方3-1站位（3名后卫、1名中锋），守门员与左后卫❷做个来回传球，之后将球掷给中锋❺，此时中卫❸（第一接应人）与右后卫❹（第二接应人）先后交叉跑位接中锋回传球，完成射门。

● 指导要点：A. 所有的传球都应给脚下；B. 交叉跑位分先后，注意时机；C. 中锋向回传球，避免横传球；D. 注意保持队形的攻守平衡（攻方后卫❷回中路据保护位置）。

● 变化：左右两侧都要练习；限制触球次数；增加对抗强度。

● 区域：全场区域。

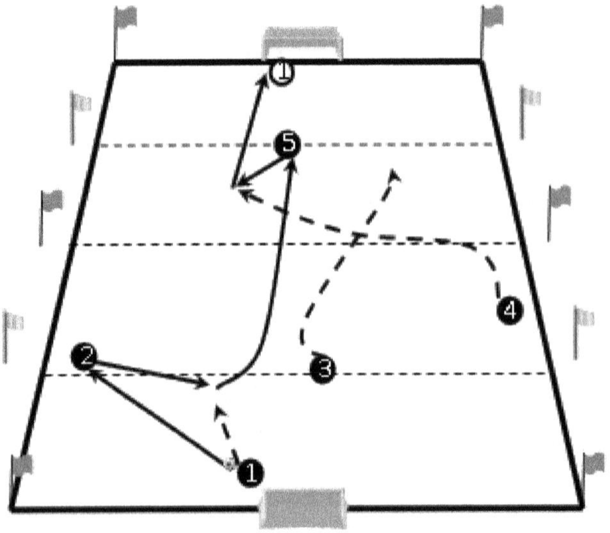

图3-31　1-3-1整体进攻练习

（2）1-1-2-1整体进攻练习（图3-32）

● 目的：提高整体1-1-2-1进攻能力。

● 方法：攻方1-2-1站位（1名中卫、2名边前卫、1名中锋），守门员与中卫❸做个来回传球，之后将球掷给中锋❺，此时中左前卫❷（第一接应人）与右前卫❹（第二接应人）交叉接中锋回传球，完成射门。

● 指导要点：A. 所有的传球都应给脚下；B. 交叉跑位分先后，注意时机；C. 中锋向回传球，避免横传球；D. 注意保持队形的攻守平衡（攻方❸在中路占据保护位置）。

● 变化：左右两侧都要练习；限制触球次数；增加对抗强度。

● 区域：全场区域。

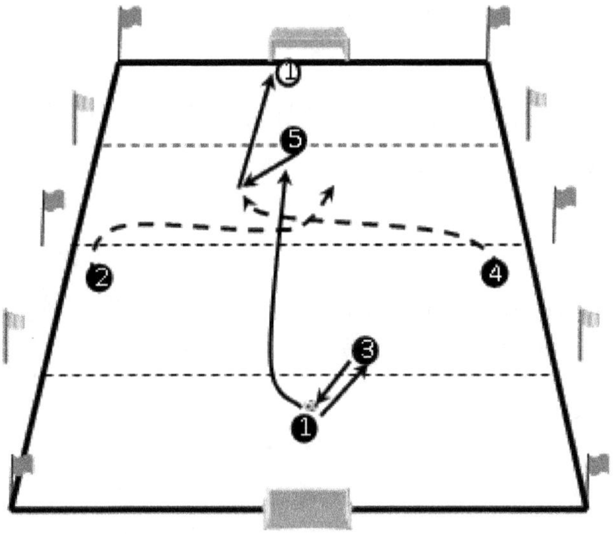

图3-32　1-1-2-1整体进攻练习

（3）1-2-2整体进攻练习（图3-33）

● 目的：提高整体1-2-2进攻能力。

● 方法：攻方2-2站位（2名后卫、2名前锋），守门员接应后卫❸的回传球，之后再将球掷给前插的❸，此时同侧前锋❹拉边与❸做二过一配合，❸完成射门。

● 指导要点：A. 所有的传球都应给脚下；B. 变向跑前插，注意时机；C. 中锋向回传球，避免横传球；D. 注意保持队形的攻守平衡（攻方后卫❷回中路占据保护位置）。

● 变化：左右两侧都要练习；限制触球次数；增加对抗强度。

● 区域：全场区域。

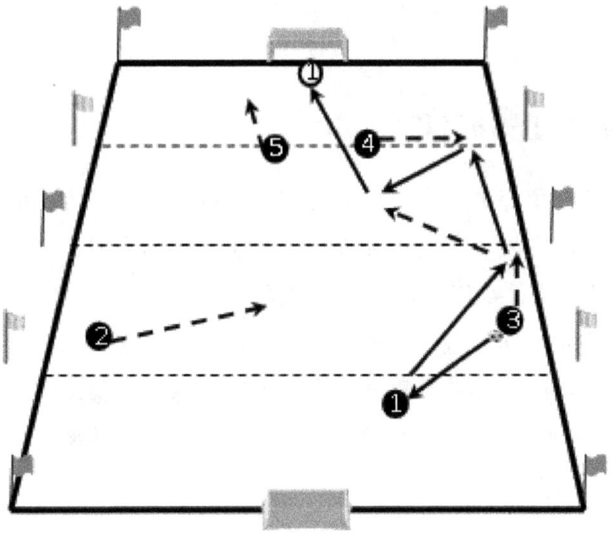

图3-33　1-2-2整体进攻练习

（4）1-2-1-1整体进攻练习（图3-34）

- 目的：提高整体1-2-1-1进攻能力。
- 方法：攻方2-1-1站位（2名后卫、1名前卫、1名前锋），守门员接后卫❸的回传球后，再将球掷给中锋❺，前卫❹（第一接应人）和后卫❸（第二接应人）前插接中锋❺回传球，完成射门。
- 指导要点：A. 所有的传球都应给脚下；B. 变向跑前插，注意时机；C. 中锋向回传球，避免横传球；D. 注意保持队形的攻守平衡（攻方后卫❷号回中路占据保护位置）。
- 变化：左右两侧都要练习；限制触球次数；增加对抗强度。
- 区域：全场区域。

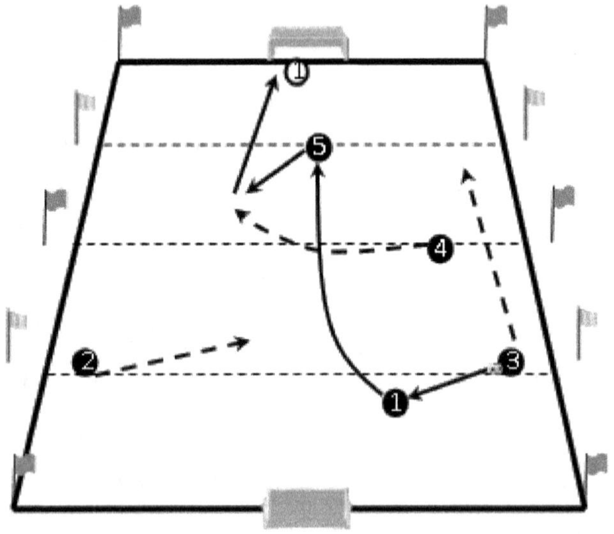

图3-34　1-2-1-1整体进攻练习

二、沙滩足球防守战术教学

沙滩足球比赛中防守争夺的焦点是以球为中心，以保护球门为目的，在整体防守战术要求下通过个人、小组的防守战术行为争夺控球权。防守行为主要集中在禁区前的中路区域。同时其战术分类也包括个人、小组、整体三个方面。

在实际的沙足比赛中对防守战术的要求主要包括：整体防守以混合防守为主、定位球以区域防守战术为主；小组防守的三个重要战术（夹击、保护、移动）；个人防守以封堵、断球、1v1的能力为重点战术行为。其中，防守断球、1v1防守成功率、犯规次数、夹击防守为主要评价队伍防守能力的指标。

（一）个人防守战术

个人防守战术指运动员在防守中一对一或一对多人时采用的战术方法。在个人防守训练与教学中更加关注：断球、选位、延缓、时机、犯规次数、对球的施压速度。

- 断球是个人防守实战能力的重要指标，是队员依据阅读比赛，判断对手的意图，主动行动获得球权的战术行为。
- 选位主要是防守队员依据球、球门、对手以及所处的区域，进行合理站位的能力。
- 延缓主要是指降低持球队员速度、封堵其直接传球或运球路线，缩短与持球人的距离，同时尽可能向边路驱赶持球队员。
- 时机更多是强调队员在防守过程中，防守技术行为实施的时间，它对运动员观察、决策和战术理解水平要求更高。
- 对球的逼迫指防守队员始终能对持球人施压，并通过合理的移动和姿势实施抢球或阻断进攻。
- 由于沙足比赛犯规方，不允许排人墙，定位球得分成为重要的进攻得分手段。因此，比赛中减少不必要失误，不要盲目犯规，如手球、推搡等动作。

1. 一对一防持球队员战术

一对一防守持球队员的本质就是对球的压迫，利用一系列的无球移动和行为去夺回球权或阻止对手向前进攻的个人防守战术行为。

在沙滩足球实战中的一对一防守持球队员战术特点：（1）正确的选位，延缓对手向前的移动；（2）利用合理的身体角度和姿势，驱赶对手向边路、向回传或运球；（3）保持重心，同步移动；（4）向球移动，主动上抢。

- 教学内容：正面一对一、背身一对一、一对一攻守射门等形式，安排在课的主题部分或位置战术教学部分。
- 教学要点：防守间距；身体姿势；重心保持；上抢时机的把握。

2. 一对一防无球接应队员战术

沙滩足球比赛中一对一防无球接应人战术，即防守队员依据球、对手、对手的位置，通过一系列的无球移动行为实施区域防守的无球战术行为。它一般包含了保持位置或移动、向前移动或回撤、追球或封闭、延缓或保护等行为。

比赛中一对一防无球接应人战术表现：（1）保持开放的位置和身体姿势，即能够兼顾观察球、对手和队员的位置；（2）选位应尽量在进攻队员与本方球门之间，保护球门；（3）始终选择球线后防守位置；（4）如有可能向球移动，延缓对手的进攻。

- 教学内容：主要教学内容为一对一、二对二对抗练习，安排在课的主题部分或位置战术教学部分。
- 教学要点：观察、预判、决策；选位；向球移动。

3. 一对二以少防多战术

沙足比赛中的一对二以少防多战术，就是一名防守队员对两名进攻队员时，在人数不占优势的情况下，延缓对手进攻，等待支援或伺机上抢的个人防守战术行为。

在实战中出现一对二以少防多时，队员首选是延缓对手向前行进，为本方队员争取回撤支援的时间；封闭可能直接射门或传球路线；尽量向边路驱赶持球人；尽量利用有利的选位，阻断对手之间的传球路线，或者形成1对1局面；耐心等待上抢时机，避免盲目抢球。

- 教学内容：一防二、二防三等形式的对抗练习；安排在课的主题部分或位置战术教学部分。
- 教学要点：选位、延缓；阻断传球路线；向一侧驱赶对手；耐心。

4. 个人防守战术练习方法（见个人防守战术练习形式）

（二）小组防守战术

小组防守战术主要指沙足比赛中2~3人的防守战术协作行为。实战中参与小组防守的队员首先应选择清晰的位置和布置队形，其次通过移动，保持合理的防守距离，之后利用2名或3名队员的夹击、围抢进行小组协作防守。在训练与教学中更加关注防守队员的明确分工，包括对持球人施压、有球区域的防守压迫与时机、小组回撤及向前防守等教学点。

小组防守战术实施的关键点：（1）保持合理的距离，形成局部密集队形；（2）封闭空间，限制持球队员的活动；（3）依据球、对手、队员的位置，进行移动选位形成保护；（4）不要轻易犯规。

1. 夹击防守战术

夹击防守战术主要指2名防守队员以球为目标，迅速靠近球形成平行或前后夹抢队形，伺机实施抢球。在实战的比赛中，2人夹击防守实施的关键点：（1）快速靠近，形成夹击队形；（2）阻止或延缓持球队员向前传运球行动；（3）封闭一侧空间，向边路驱赶持球队员；（4）获得球权后，快速由守转攻。

- 教学内容：2对2、3对3等小场地对抗练习，安排在课的主题部分或位置战术教学部分。
- 教学要点：迅速靠近、封闭空间；队员的站位与角度；驱赶与延缓；夹击抢球的时机。

2. 围抢防守战术

围抢防守战术是指3名防守队员利用人数优势，形成以多防少的小组防守战术。在实战的比赛中，当持球队员在后场中路或边路区域低头运控球时，小组采用三角形围抢防守战术情况较多。战术实施的关键点：（1）密集队形下，才能快速形成围抢队形；（2）首先阻止或延缓持球队员向前传运球行动；（3）封闭空间，尽量抢夺控球权；（4）获得球权后，快速由守转攻；（5）避免犯规。

- 教学内容：3对3、4对4等小组或整体对抗练习，安排在课的主题部分或位置战术教学部分。

● 教学要点：迅速靠近、封闭空间；队员的站位与角度；驱赶与延缓；围抢的时机。

3. 保护防守战术

保护防守战术是指2~3名防守队员，依据持球队员的位置，利用选位形成相互之间支援和协防的一种小组防守战术。由于小组站位角度、形状的不同，保护队形有三角形保护、直线保护、斜线保护等队形。在实战的比赛中，保护防守战术的本质就是对有球区域形成快速的人员密集队形，从而达到保护危险区域的目的。战术实施的关键点：（1）以球和球门为基点，以防内放外为原则，快速形成保护队形；（2）距离、角度和移动是保护防守战术核心；（3）观察、交流和配合是保护战术实施条件。

● 教学内容：2对2、3对3、4对4等小组或整体对抗练习，安排在课的主题部分或位置战术教学部分。

● 教学要点：贯彻区域防守原则；以球为中心，向球移动、压缩空间；合理距离与角度；快速转换中的移动选位。

4. 小组防守战术练习方法举例

（1）夹击与围抢防守练习（图3-35）

● 目的：提高小组夹击和围抢防守能力。

● 方法：学生5人一组，按3名后卫、2名前锋位置分组，在场地内做3防2练习；每次练习结束，交换1名学生。

● 指导要点：A. 迅速靠近、封闭空间；B. 队员的站位与角度；C. 驱赶与延缓；D. 夹击与围抢时机；E. 不要犯规。

● 变化：增加防守队员。

● 区域：全场。

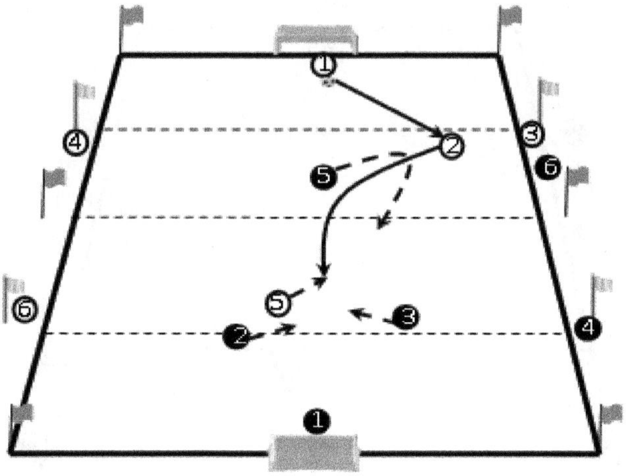

图3-35　夹击与围抢防守练习

（2）移动与保护防守练习（图3-36）

● 目的：提高小组移动和保护防守能力。

● 方法：学生5人一组，按3名进攻人（如图3-26上图中黑色❷、❸、❹），2名防守人分组（如图3-26上图中⑤、⑥），做连续的3对2攻守练习；每次进攻结束，攻方3人离场（图3-26上图中黑色❷、❸、❹），守方1人进入场内（图3-26下图中的白④号），继续形成3对2局面，循环练习；球一旦进入前场，攻方2名防守队员进入场内准备下一次防守（如图3-26下图中的⑤和⑥）。

● 指导要点：A. 贯彻区域防守原则；B. 以球为中心，向球移动、压缩空间；C. 合理距离与角度；D. 快速转换中移动选位。

● 变化：增加防守队员。

● 区域：全场。

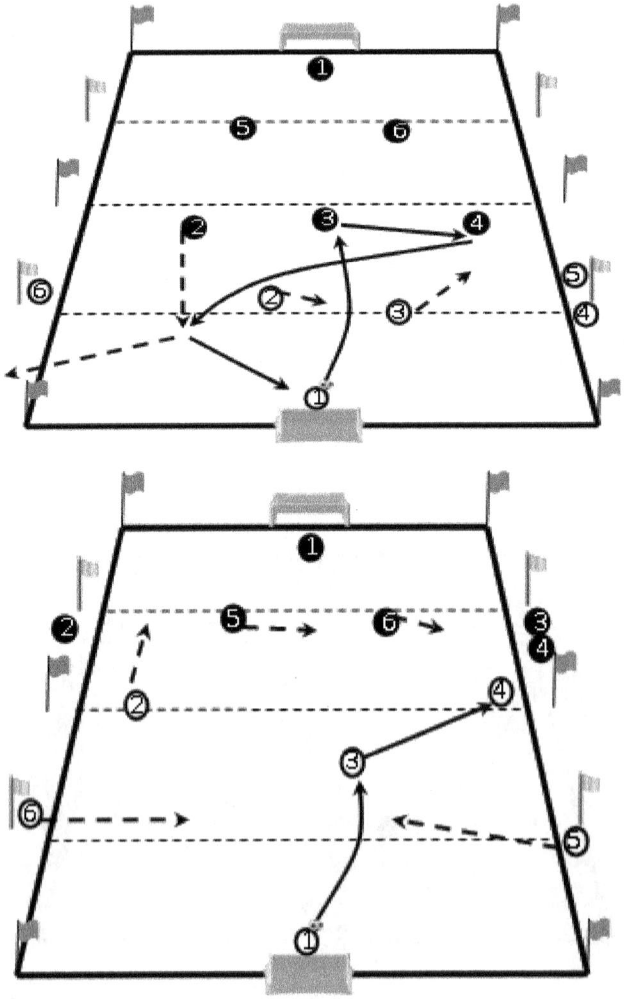

图3-36 移动与保护防守练习

（三）整体防守战术

沙滩足球整体防守战术依据沙足比赛特征，主要采用了混合式防守战术，即有球区域采用人盯人防守、无球区域采用区域防守战术。同时，依据对手采用的进攻阵型，选择防守阵型。常规足球比赛中的人盯人防守战术在沙滩足球比赛中很少运用。因为场地小、守门员手抛球可以直接抛到对方禁区内发动威胁进攻，使得守方在防守开始阶段，首先是回撤本方半场布阵，进行区域防守战术布阵。一旦守门员将球发出后，有球区域执行盯人防守，无球区域贯彻区域防守战术原则。因此，沙足比赛场地小、人数少，守门员可以直接发动进攻等比赛特点决定了混合防守战术是主要的整体防守战术。

沙滩足球比赛整体防守战术关键点：（1）通过移动，缩短防线间距离，保持密集的防守阵型；（2）对球紧逼，通过追球，向边路驱赶对手，减少对手决策或向前传球的时间和空间；（3）更多的整体压迫防守，尽可能封闭空间，围抢持球人并获得球权；（4）交流与沟通。

1. 防守1-3-1战术

1-3-1是沙滩足球比赛中最常见的一种整体防守战术。它主要由3名后卫和1名前锋组成，3名后卫并不是平行站位，而是在锋线与后卫线之间，4人形成一个菱形。这种防守战术在实战中的表现特点：（1）后场防守人数较多，更容易形成小组夹击、围抢；（2）对门前中路、两个边路空当有很好的保护；（3）防守队形结构合理、紧凑；（4）当对手采用1-3-1进攻阵型时，防守方尽量采用密集的1-3-1防守战术。（图3-37）

图3-37 1-3-1防守队形

● 教学内容： 4vs4+2名守门员的整体防守战术练习。一般作为课的主题部分内容，一周安排3~4次。

● 教学要点：清晰的防守阵型；无球移动、补位；保持密集队形；压迫时机；快速由守转攻。

2. 防守1-2-2战术

1-2-2也是沙滩足球比赛中基本的整体防守战术。它主要由2名后卫和2名前锋组成。这种防守战术在实战中的表现特点：（1）位置分工明确，2人在前场防守、2人保护在禁区前中路，基本采用了区域防守的策略；（2）对2名前场队员体能水平要求高，2名后场防守队员的一对一能力要突出；（3）两条防线之间的空当大，容易出现漏防和防守犹豫现象，造成比赛失分；（4）当对手采用1-2-2进攻阵型时，防守方也尽量采用密集的1-2-2防守战术。（图3-38）

图3-38 1-2-2防守队形

- 教学内容：4vs4+2名守门员的整体防守战术练习。一般作为课的主题部分内容，一周安排3~4次。
- 教学要点：清晰的防守阵型；无球移动、补位；保持密集队形；压迫时机；快速由守转攻。

3. 防守1-2-1-1战术

1-2-1-1也是沙滩足球比赛中基本的整体防守战术方法。它主要由2名后卫、1名前卫和1名前锋构成了三条线的防守队形。这种防守战术在实战中的表现特点：（1）增加了中路防守的层次，更好的保持队形的纵深保护；（2）位置变化更加灵活，相互之间保护更加密切；（3）对运动员的战术素养与体能水平要求高；（4）攻方后场控球空间大，对持球队员压力小，容易被对手远射；（5）当对手采用1-2-2进攻阵型或中锋能力突出时，多采用这种1-2-1-1防守战术。（图3-39）

图3-39　1-2-1-1防守队形

● 教学内容： 4vs4+2名守门员的整体防守战术练习。一般作为课的主题部分内容，一周安排3~4次。

● 教学要点：清晰的防守阵型；无球移动、补位；保持密集队形；压迫时机；快速由守转攻。

4. 整体防守战术练习方法举例

（1）1-3-1整体防守练习（图3-40）

● 目的：提高整体1-3-1防守能力。

● 方法：防守3-1站位（3名后卫、1名中锋），中锋❺（第一防线）主要负责前场中路防守，❸和❹（第二防线）负责左右边路防守，中卫❷（第三防线）负责禁区前中路防守。

● 指导要点：A. 清晰的防守阵型；B. 无球移动、补位；C. 保持密集队形；D. 压迫时机；E. 快速由守转攻。

● 变化：变化球的位置，不同场景的防守。

● 区域：全场区域。

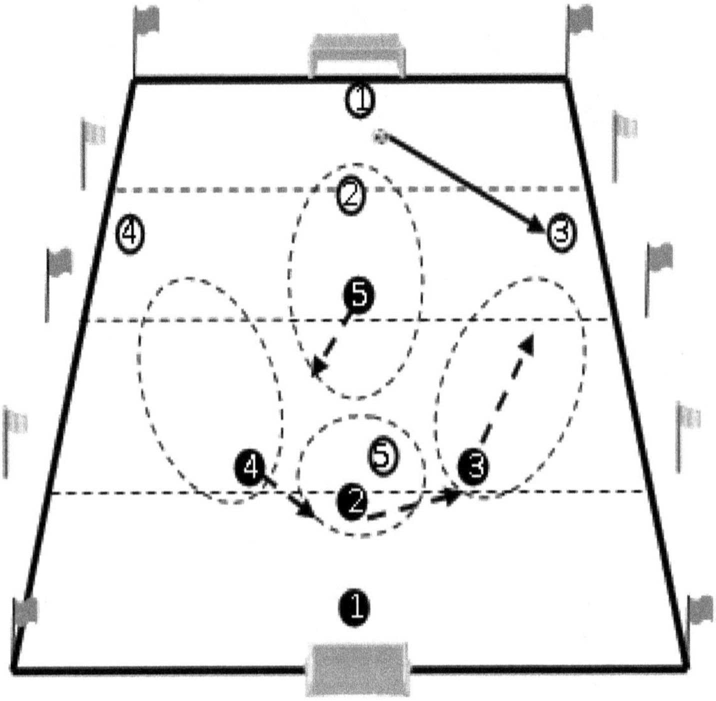

图3-40 1-3-1整体防守练习

（2）1-1-2-1整体防守练习（图3-41）

● 目的：提高整体1-1-2-1（1-3-1的变化）防守能力。

● 方法：防守1-2-1菱形站位（1名后卫、2名前卫、1名中锋），中锋❸（第一防线）主要负责对球逼抢防守，❷和❺（第二防线）负责左右两侧保护防守，中卫❹（第三防线）负责禁区前中路防守。

● 指导要点：A. 清晰的防守阵型；B. 无球移动、补位；C. 保持密集队形；D. 压迫时机；E. 快速由守转攻。

● 变化：变化球的位置，不同场景的防守。

● 区域：全场区域。

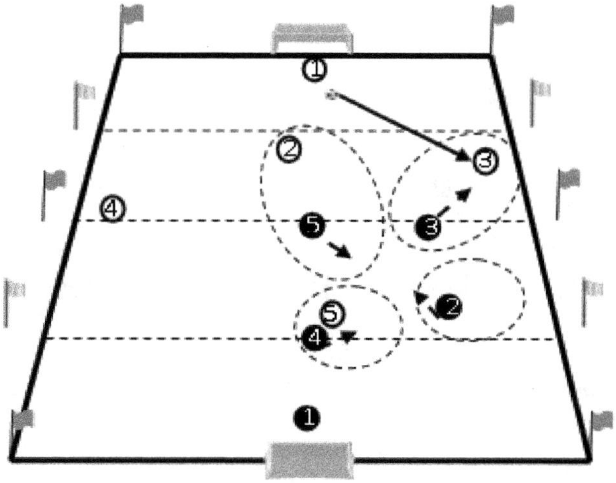

图3-41　1-1-2-1整体防守练习

（3）1-2-2整体防守练习（图3-42）

● 目的：提高整体1-2-2防守能力。

● 方法：防守2-2站位（2名后卫、2名前卫），2名前卫（❹和❺）组成第一防守线，左右移动主要负责对球逼抢和施压，2名后卫（❸和❷）组成第二防守线，负责保护一线身后空当和禁区前中路防守。

● 指导要点：A. 清晰的防守阵型；B. 无球移动、补位；C. 保持密集队形；D. 压迫时机；E. 快速由守转攻。

● 变化：变化球的位置，不同场景的防守。

● 区域：全场区域。

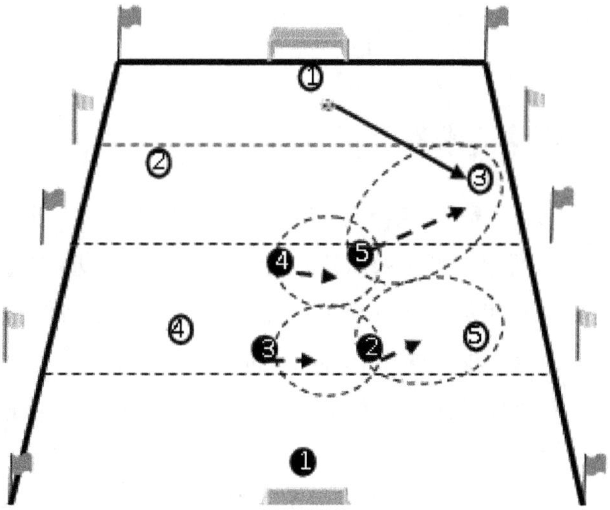

图3-42　1-2-2整体防守练习

（4）1-2-1-1整体防守练习（图3-43）

● 目的：提高整体1-2-1-1防守能力。

● 方法：防守2-1-1站位（2名后卫、1名前卫、1名前锋），中锋❺（第一防守线）主要负责前场对球逼抢和施压，前卫❹（第二防线）负责保护前锋与后卫之间的空当和围抢中锋，后卫❷和❸（第三防线）负责禁区前中路防守。

● 指导要点：A. 清晰的防守阵型；B. 无球移动、补位；C. 保持密集队形；D. 压迫时机；E. 快速由守转攻。

● 变化：变化球的位置，不同场景的防守。

● 区域：全场区域。

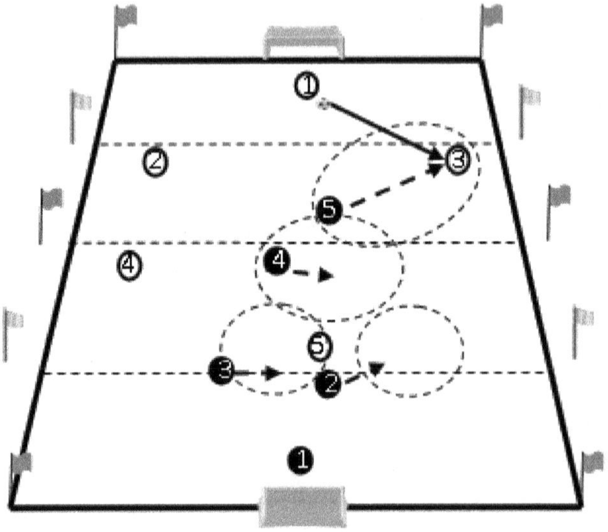

图3-43　1-2-1-1整体防守练习

三、沙滩足球定位球战术教学

定位球战术是沙滩足球比赛中一项重要的整体战术配合方法。由于沙滩足球比赛场地小，定位球防守没有人墙，所以比赛中每次定位球都相当于一次进球得分的机会。每支队伍通过熟练的定位球配合，往往可以赢得一场关键性的比赛。依据沙滩足球规则，沙滩足球定位球主要包括：任意球、角球、界外球、中场开球和点球。

在实际的定位球教学与训练实施的过程中，（1）要使所有的队员清楚攻守位置要求，包括起始位置、变化位置、最后的落位，甚至是攻守转换时的位置要求；（2）要清晰地介绍不同场景下的基本行动和变化方法；（3）注重攻守平衡；（4）对攻守转换提出明确要求。

（一）定位球进攻战术

定位球进攻是沙滩足球比赛取胜的关键战术方法，尤其是在势均力敌的比赛中显得尤为重要。定位球进攻战术可以通过赛前的反复演练，发挥出巨大的进攻先发性优势。它的训练主要包括了两个基本内容：战术队形的变化和固定套路演练。在实际的定位球进攻战术训练和教学中，应考虑的重点如下。

- 依据队员的特点制定定位球战术套路。
- 配合尽量简单、明确。
- 进行不断的重复训练。
- 注意攻守平衡。
- 制定多套方案，要有战术变化。

1. 开球进攻战术

沙滩足球开球战术指在每节比赛开始时、进球后的比赛重新开始的一种开球方式。沙足比赛规则规定，开球不能直接射门得分。因此开球战术都为一次传递后完成，战术变化较多，一般包括了三种战术配合形式：挑-射战术配合，传-射战术配合、挑-传-射战术配合（图3-44）。

在实际的开球进攻战术训练和教学中，应考虑的重点如下。

- 配合尽量简练、直接。
- 避开对手的人墙侧发球。
- 专人完成射门。
- 避免所有人参与进攻，保持攻守平衡的队形。

图3-44　开球战术图

（1）挑-射战术配合

开球战术中的挑射战术是由两名进攻队员完成的，一人将球挑起，一人将球射向球门的开球射门配合。这种配合方式是沙足比赛中最为常用的开球战术，它组织形式简单、实用，可以直接对防守方球门构成威胁。同时，由于战术配合简单、变化少，也容易被对手识破，提前采取防范措施（图2-45）。

图3-45 挑-射战术配合图

- 教学内容：定位球战术练习一周安排1~2次，专门人员的组合演练。
- 教学要点：挑球的高度、方向的把握；射门队员射门角度和时间；二点球的控制。

（2）传-射战术配合

传-射战术配合是由1名传球队员，2名射门队员配合完成，通过传球人对2名射门队员的选择性传球实现战术配合目的。这种配合方法战术变化多，可以有效地避开防守队员的防守人墙，攻击其弱点区域完成射门的目的。同时由于传球人多是将球传向边路，使射门队员射门角度变小；另外，传出的地滚球容易变向，使射门难度增加（图3-46）。

- 教学内容：定位球战术练习一周安排1~2次，专门人员的组合演练。
- 教学要点：传球的隐蔽性，传球的角度、力量、方向的把握；射门的时间和速度；后点包抄；注意保持攻守平衡的队形。

图3-46　传-射战术配合图

（3）挑-传-射战术配合

挑-传-射战术配合是由1名挑球队员、1名传球和1名射门队员通过传跑配合完成。首先挑球人将球挑起给传球人，给对手造成一个要挑-射配合的假象；其次，传球人再通过1脚传球或一停一传的形式，将球传给无人防守的射门队员，从而实现声东击西的战术配合目的。这种配合方法其实就是将挑-射和传-射两个战术配合综合在一起使用，它的战术变化多，隐蔽性高，可以起到攻其不备的战术效果。同时由于配合参与人数多，配合相对复杂，对战术配合默契度和传-射时机都要求更高，一般都出现在高水平沙足比赛中（图3-47）。

- 教学内容：定位球战术练习一周安排1~2次，专门人员的组合演练。
- 教学要点：传球的隐蔽性，传球的角度、力量、方向的把握；射门的时间和速度；后点包抄；注意保持攻守平衡的队形。

图3-47　挑-传-射战术配合图

2. 角球进攻战术

角球由于更加靠近球门因此对球门的威胁也越大。角球进攻战术依据配合的方式主要分为交叉换位战术、挡拆战术和轮转跑位战术三种。

（1）交叉换位战术配合（直接角球战术）

交叉换位战术是指2名进攻队员，通过前后交叉或平行交叉的无球跑动形式完成包抄射门的方法。其中，平行交叉包抄战术是最为常见的一种角球进攻战术。它的配合形式简练，对球门形成更加直接的攻击。同时，对传球队员的技术准确性要求高（图2-48）。

图3-48　交叉换位角球战术

- 教学内容：定位球战术练习一周安排1~2次，专门人员的组合演练。
- 教学要点：传球的隐蔽性、准确性；传球力量、时机的把握；跑位的突然性、统一性；注意保持攻守平衡的队形。

（2）挡拆角球战术

挡拆战术是指1名门前包抄队员，通过跑位提前站在防守队员的移动路线上，阻止其进行盯人防守，从而为队友创造出进攻机会的一种间接参与进攻的角球战术。在沙滩足球比赛中，角球防守一般采用区域防守的形式，因此挡拆战术其实就是利用进攻队员的跑位，创造局部以多打少的局面，为进攻赢得时间和空间（图3-49）。

- 教学内容：定位球战术练习一周安排1~2次，专门人员的组合演练。
- 教学要点：传球的隐蔽性、准确性；传球力量、时机的把握；挡拆动作的准确性；避免犯规；注意保持攻守平衡的队形。

图3-49　挡拆角球战术

（3）轮转换位角球战术

轮转换位战术配合是指比赛中门前进攻包抄队员，通过相互之间的轮转换位，为完成射门创造出更多的空间与时间的角球进攻战术。轮转换位战术通过几名队员的同时跑位，可以创造出更多的攻击点，也更容易使对手防守产生混乱。但是，此项战术对运动员的传球准确性和跑动时机要求高，同时必须有1名队员，轮转时必须回撤到保护平衡的位置，防止对手获得球权后发动快速反击。

● 教学内容：定位球战术练习一周安排1~2次，专门人员的组合演练。

● 教学要点：传球的隐蔽性、准确性；传球力量、时机的把握；轮转换位的时机、统一性；注意保持攻守平衡的队形。

3. 界外球进攻战术

沙滩足球比赛中界外球进攻战术一般指的是靠近球门线附近的界外球战术。它和角球战术相近，只是发球地点和发球的方式稍有不同，界外球还可以用手抛球的方式开球。其包抄进攻战术也主要分为交叉换位战术、挡拆战术和轮转战术三种。战术训练的教学要求与角球进攻战术相同。

4. 任意球进攻战术

沙滩足球比赛中任意球都是直接任意球，由于规则不允许排人墙，所以任意球基本上都是直接射门。在罚任意球时，所有队员的位置依据犯规地点的不同，所站区域也有不同（规则中有解释）。另外，沙足比赛规则规定，比赛中所有的任意球都是由被侵犯的队员自己来主罚，因此沙足任意球训练应包括每一名队员，包括守门员（图3-50，图3-51）。

图3-50 前场任意球战术

图3-51 后场任意球战术

● 教学内容：定位球战术练习一周安排1~2次，每名队员都要参与，任意球训练内容的划分，依据球距离球门线的距离，主要包括了，9米点球、15米、18米（中线）、25米四类。

● 教学要点：尽量射反弹球、注意力高度集中；注意保持攻守平衡的队形。

5. 定位球进攻战术练习方法举例

（1）开球战术练习方法举例

①挑-射开球战术练习（图3-52）

● 目的：提高学生挑-射开球战术能力。

● 方法：学生4人一组，3人在中路中线附近三角形站位线，边路站1名接应人，接挑球后直接完成射门。

● 指导要点：A. 挑球的高度、方向的把握；B. 射门队员射门角度和时机；C. 二点球的控制与争夺。

• 变化：增加防守队员；左右两侧练习。

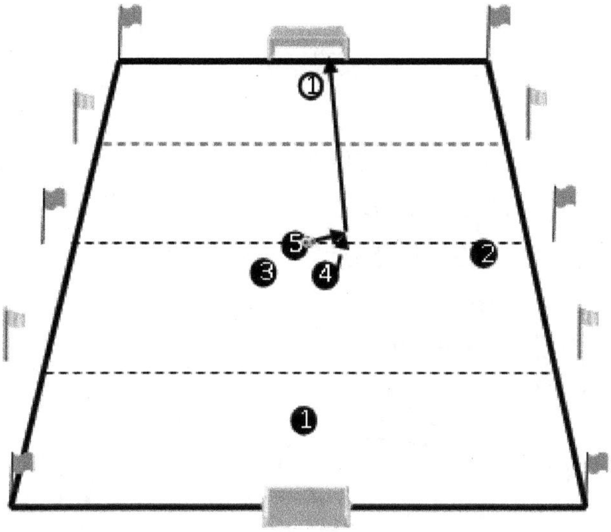

图3-52　挑-射开球战术练习

②传-射开球战术练习（图3-53）

• 目的：提高学生传-射开球战术能力。

• 方法：学生4人一组，2人在中路中线附近站位，左右两个边路各站1名接应人，接到球后直接或运球完成射门。

• 指导要点：A. 传球的隐蔽性，传球的角度、力量、方向的把握；B. 射门的时间和速度；C. 后点包抄；D. 注意保持攻守平衡的队形。

• 变化：增加防守队员；左右两侧练习。

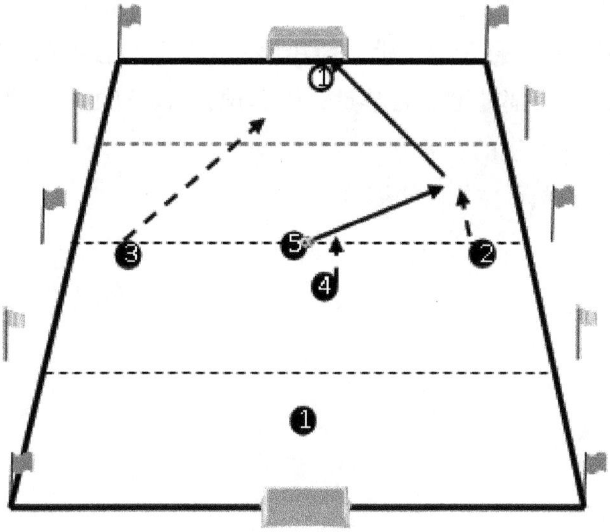

图3-53 传-射开球战术练习

③挑-传-射开球战术练习（图3-54）

● 目的：提高学生挑-传-射开球战术能力。

● 方法：学生4人一组，2人在中路中线附近站位，左右两个边路各站1名接应人，接到球后直接或运球完成射门。

● 指导要点：A. 球的隐蔽性，传球的角度、力量、方向的把握；B. 射门的时间和速度；C. 后点包抄；D. 注意保持攻守平衡的队形。

● 变化：增加防守队员；左右两侧练习。

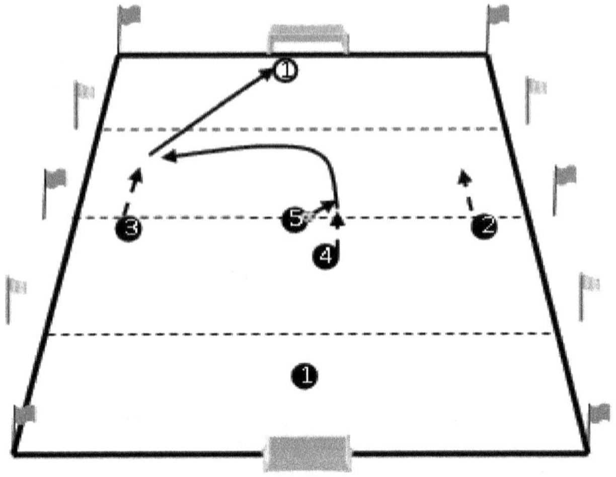

图3-54 挑-传-射开球战术练习

（2）角球进攻战术练习方法举例

①交叉换位配合练习（图3-55）

● 目的：提高角球交叉换位进攻战术能力。

● 方法：学生4人一组，❸传球，❹和❺中路交叉换位包抄射门，❷占据保护位置。

● 指导要点：A. 传球的隐蔽性、准确性；B. 传球力量、时机的把握；C. 跑位的突然性、统一性；D. 注意保持攻守平衡的队形。

● 变化：增加防守队员；左右两侧练习。

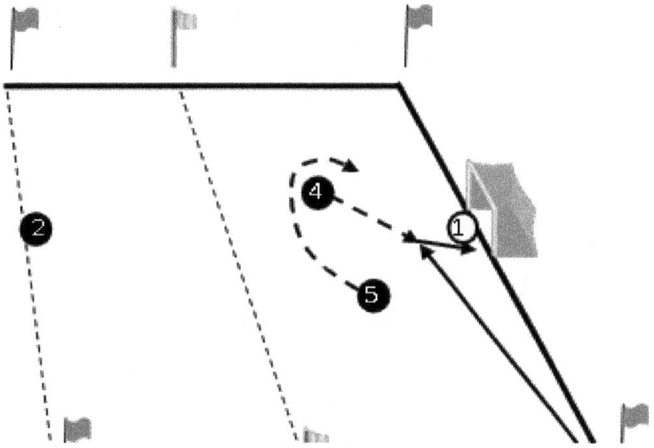

图3-55 交叉换位配合练习

②挡拆配合练习（图3-56）

• 目的：提高角球挡拆进攻战术能力。

• 方法：学生4人一组，❸传球，❺挡白方②号，❹摆脱防守后接球完成射门，❷占据保护位置。

• 指导要点：A. 传球的隐蔽性、准确性；B. 传球力量、时机的把握；C. 挡拆动作的准确性；D. 避免犯规；E. 注意保持攻守平衡的队形。

• 变化：增加防守队员；左右两侧练习。

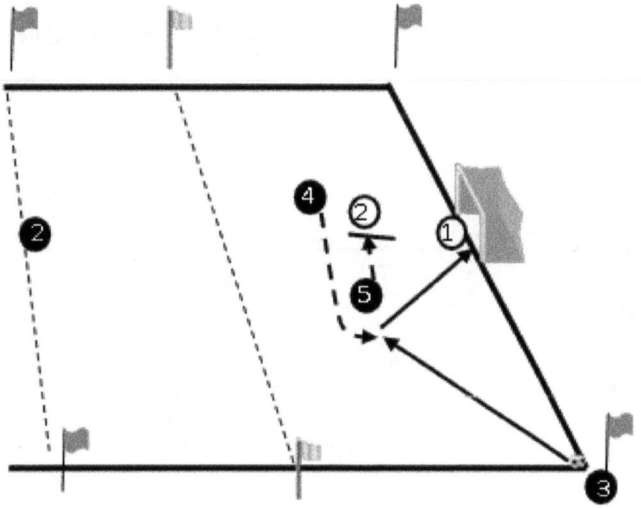

图3-56 挡拆配合练习

③轮转配合练习（图3-57）

• 目的：提高角球轮转进攻战术能力。

• 方法：学生4人一组，3人在中路逆时针轮转换位，由❷跑前点接球完成射门，❹回到中路占据保护位置。

• 指导要点：A. 传球的隐蔽性、准确性；B. 传球力量、时机的把握；C. 轮转换位的时机、统一性；D. 注意保持攻守平衡的队形。

• 变化：增加防守队员；左右两侧练习。

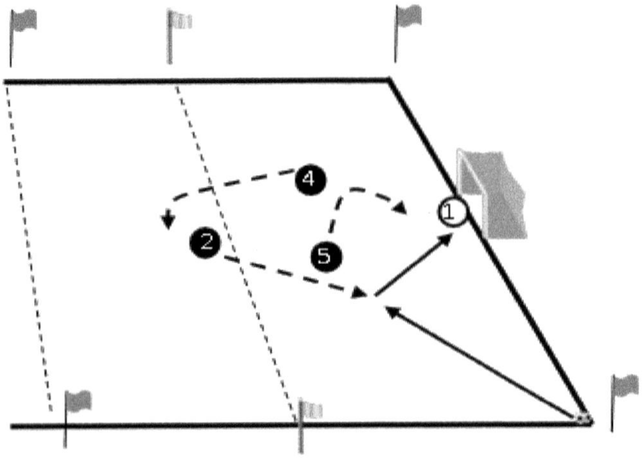

图3-57 轮转配合练习

（3）界外球进攻战术练习方法举例

①前后交叉配合练习（图3-58）

• 目的：提高界外球交叉换位战术能力。

• 方法：学生4人一组，❸传球，❹和❺中路交叉跑位，❹号与❸墙式二过一配合，❸完成射门，❷占据保护位置。

• 指导要点：A. 传球的隐蔽性、准确性；B. 传球力量、时机的把握；C. 跑位的突然性、统一性；D. 注意保持攻守平衡的队形。

• 变化：增加防守队员；左右两侧练习。

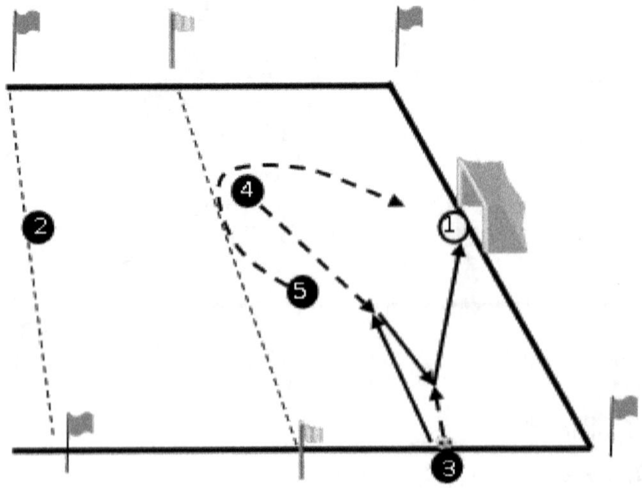

图3-58 前后交叉配合练习

②挡拆配合练习（图3-59）

● 目的：提高界外球挡拆进攻战术能力。

● 方法：学生4人一组，❸传球，❹挡白方③号，❺摆脱防守，后点接球完成射门，❷号占据保护位置。

● 指导要点：A. 传球的隐蔽性、准确性；B. 传球力量、时机的把握；C. 挡拆技术的准确性；D. 避免犯规；E. 注意保持攻守平衡的队形。

● 变化：增加防守队员；左右两侧练习。

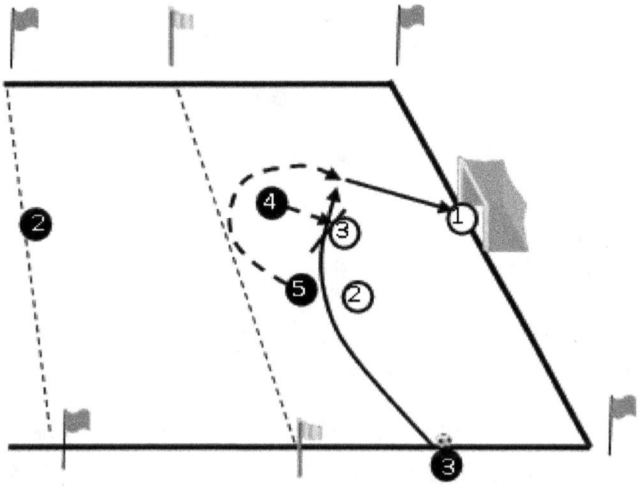

图3-59　挡拆配合练习

③轮转配合练习（图3-60）

● 目的：提高界外球轮转进攻战术能力。

● 方法：学生4人一组，3人在中路顺时针轮转换位，由❷后点接球完成射门，❺回到中路占据保护位置。

● 指导要点：A. 传球的隐蔽性、准确性；B. 传球力量、时机的把握；C. 轮转换位的时机、统一性；D. 注意保持攻守平衡的队形。

● 变化：增加防守队员；左右两侧练习。

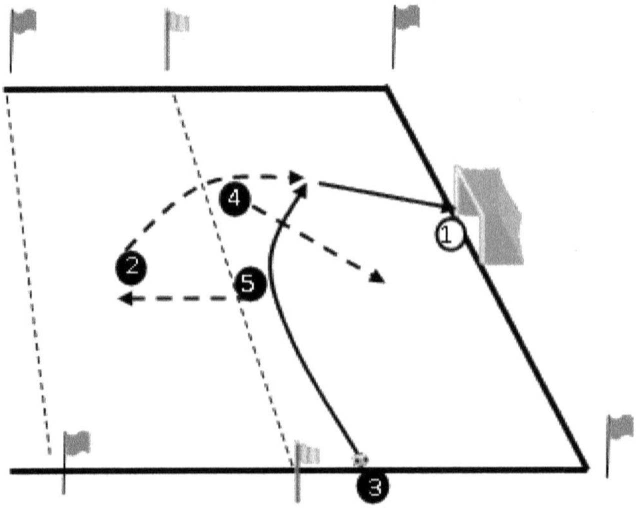

图3-60 轮转配合练习

（二）定位球防守战术

沙滩足球比赛中定位球防守，主要指防守队员依据不同定位球的进攻组织情况，以保护球门为目的，选择不同的位置安排与任务分工。大部分情况下，沙滩足球比赛的定位球防守多选择区域防守战术。由于沙滩足球比赛中任意球防守不允许排人墙，因此使任意球防守的分工有别于其他定位球防守战术。在实际的定位球防守战术训练和教学中，应考虑的重点如下。

- 区域防守首先是定位球防守战术。
- 让队员清楚不同定位球防守战术基本原则。
- 清晰的位置与任务分工。
- 不同场景下的基本行动方法。
- 提高队员的预判和识别力更为重要。

1. 开球防守战术

开球防守战术在沙滩足球比赛中多在双方进球和比赛每节开始阶段。比赛中开球防守战术是针对攻方采用的进攻队形和战术采取的相应防守配合方法。它可以排列人墙，同时队员有明确的分工。它主要包括2-3战术、1-2-2战术和1-1-2-1战术。

（1）开球2-3防守战术

2-3开球防守战术是由守门员以外，一名防守队员站在一侧门柱前防守，三人在距离中线5米处排列人墙的防守战术方法。这种防守战术是沙足比赛中最为常用的开球防守战术，它组织形式简单、分工明确，可以直接封堵住对手射门的路线（图3-61）。

图3-61　开球2-3防守战术

● 教学内容：定位球战术练习一周安排1~2次，专门人员的组合演练。

● 教学要点：区域防守站位；对球紧逼；球一旦发出，回撤保护球门；防守轮转换位；快速由守转攻。

（2）开球1-2-2防守战术

1-2-2开球防守战术是由守门员以外，四名防守队员分成两条防守线，第一条防线的两人在距离中线5米处排列人墙，另外两人分别保护在人墙的左右两侧的防守战术方法。这种防守战术重点是封堵住对手直接射门的路线，同时对两个边路形成保护；不足是没有队员对一侧球门形成保护（图3-62）。

图3-62　开球1-2-2防守战术

● 教学内容：定位球战术练习一周安排1~2次，专门人员的组合演练。

● 教学要点：区域防守站位；对球紧逼；球一旦发出，回撤保护球门；防守轮转换位；快速由守转攻。

（3）开球1-1-2-1防守战术

1-1-2-1开球防守战术是由守门员以外，一名防守队员站在一侧门柱前防守，一人在距离中线5米处站人墙，其余两名防守队员保护在其身后两侧的防守战术方法。这种防守战术重点是既有封堵住对手直接射门的路线人墙，同时也有一名防守队员协助防守球门；不足是由于人墙只有一人，封堵对手直指射门的效果较差（图3-63）。

图3-63 开球1-1-2-1防守战术

● 教学内容：定位球战术练习一周安排1~2次，进行专门人员的组合演练。

● 教学要点：区域防守站位；对球紧逼；保护球门；防守轮转换位；快速由守转攻。

2. 角球防守战术

角球防守战术是沙足比赛中最重要的防守战术，也是所有队员都要参与防守的整体防守战术方法之一。角球防守主要贯彻区域防守战术，防守队员占据射门区域和主要传球路线，通过封闭空间和阻挡对手射门，达到保护球门和重新获得球权。这也是目前高水平球队普遍采用的角球防守战术。它主要分为两种方法，（1）弧线形（线形）防守战术，（2）壳形（2-2）保护防守战术。

（1）弧线形角球防守战术

弧线形角球防守战术是由四名防守队员仿照弧线盾牌的形状，分别站在罚球侧底线、球门前点、中点和后点四个位置。其中前两个点主要负责封堵球直接射向或传向球门；另外两个点的队员主要负责防守门球前的主要得分区域。这种防守战术重点是防守保护的面积大、相互之间能够形成很好的前后保护；可以有效封堵住对手直接射门的路线；不足是每个防守点只有一名队员，容易被对手形成以多攻少或被对手诱使离开防守位置（图3-64）。

图3-64 弧线形角球防守战术

- 教学内容：定位球战术练习一周安排1~2次，进行专门人员的组合演练。
- 教学要点：区域防守站位；人球兼顾；回撤门前、预判第二落点与保护球门；错位站、避免成一条直线；快速由守转攻。

（2）壳形（2-2）角球防守战术

壳形（2-2）角球防守战术是由四名防守队员2-2围着球门站位，前两名队员一人保护前门柱，一人保护前点，其余两名队员一人保护远门柱区域，一人保护后点区域。其中前两个点主要负责封堵球直接射向或传向球门，或者针对传向前点的短传角球的防守；另外两个点的队员主要负责防守门前得分区域，或防守传向后点的长传角球配合。这种防守战术重点是增加了门前的防守保护层次和对守门员的保护更多，相互之间能够形成纵深保护、协防；不足是外围留给对手的控球空间更大，容易被对手形成远射进攻（图3-65）。

- 教学内容：定位球战术练习一周安排1~2次，进行专门人员的组合演练。
- 教学要点：区域防守站位；人球兼顾；回撤门前、预判第二落点与保护球门；错位站、避免成一条直线；快速由守转攻。

图3-65 壳形（2-2）角球防守战术

3. 界外球防守战术

沙滩足球比赛中界外球防守战术一般指的是靠近球门线附近的界外球战术。它和角球防守战术相近，只是发球地点和发球的方式稍有不同，界外球还可以用手抛球的方式开球。一般情况下，界外球防守也采用球线后防守战术，即场上四名队员都回撤到球线后进行落位防守。它也分为两种方法，（1）弧线形防守战术，（2）壳形（2-2）保护防守战术。

● 教学内容：定位球战术练习一周安排1~2次，进行专门人员的组合演练。

● 教学要点：区域防守站位；快速回撤门前、控制球第二落点与保护球门；防守轮转换位；由守转攻。

4. 任意球防守战术

沙滩足球比赛中任意球都是直接任意球，由于规则不允许排人墙，所以任意球基本上都是直接射门。在任意球防守时，所有队员的站位位置依据犯规地点的不同，所站区域也有不同（规则中有解释）。因此，沙滩足球任意球防守分为前场任意球防守与后场任意球防守两种。

（1）前场任意球防守战术

前场任意球防守时，防守队员依据球与本方两个角球区形成的三角形区域选位，防守队员采用2-2队形，分别落位在球的左右两侧；若球靠近一侧边线，那么防守队员则在球的内侧保持线形防守落位；依据规则要求防守队员距离球5米以外选位（图3-66）。

图3-66 前场任意球防守战术

（2011年沙足世界杯比赛使用的旧后场任意球防守站位规则）

● 教学内容：定位球战术练习一周安排1~2次，进行专门人员的组合演练。

● 教学要点：区域防守站位；快速回撤门前、控制球第二落点与保护球门；防守轮转换位；快速由守转攻。

（2）后场任意球防守战术

后场任意球防守时，防守队员依据球的位置，防守队员采用2-2队形，分别落位在球的左右两侧，攻守队员都要在球线后防守落位。若球靠近一侧边线，那防守队员则需要在球的内侧保持线形防守落位；依据规则要求防守队员距离球5米以外（图3-67）。

图3-67 后场任意球防守战术

● 教学内容：定位球战术练习一周安排1~2次，专门人员的组合演练。

● 教学要点：区域防守站位；快速回撤门前、控制球第二落点与保护球门；防守轮转换位；快速由守转攻。

5. 定位球防守战术练习方法举例

（1）开球防守战术

①开球2-3防守战术练习（图3-68）

● 目的：提高开球2-3防守战术能力。

● 方法：学生4人一组，1人在球侧的门柱前面站位，3人排人墙阻止对手射门。位置分工：❺人墙封堵对手直线射门；❸和❹左右两侧封堵和回撤保护无球侧空当；❷负责封堵射向近端球门柱的球。

● 指导要点：A. 区域防守站位；B. 对球紧逼；C. 球一旦发出，回撤保护球门；D. 防守轮转换位；E. 快速由守转攻。

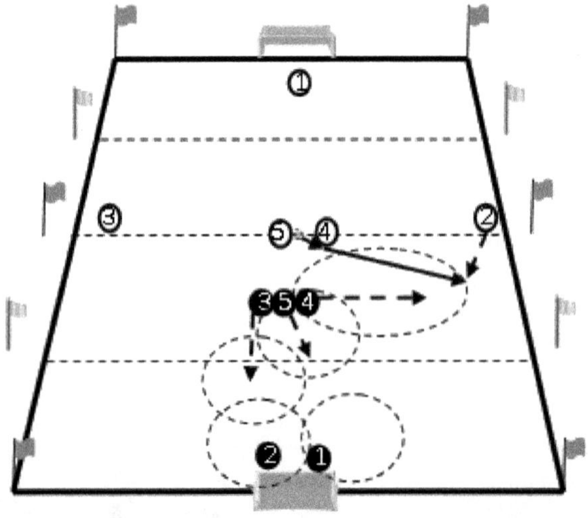

图3-68 开球2-3防守战术练习

②开球1-2-2防守战术练习（图3-69）

● 目的：提高开球2-2防守战术能力。

● 方法：学生4人一组，❺和❹排人墙，负责封堵对手的直接射门路线；❷和❸人墙两侧站位，负责保护左右两个边路空当和盯防边路进攻队员。

● 指导要点：A. 区域防守站位；B. 对球紧逼；C. 球一旦发出，回撤保护球门；D. 防守轮转换位；E. 快速由守转攻。

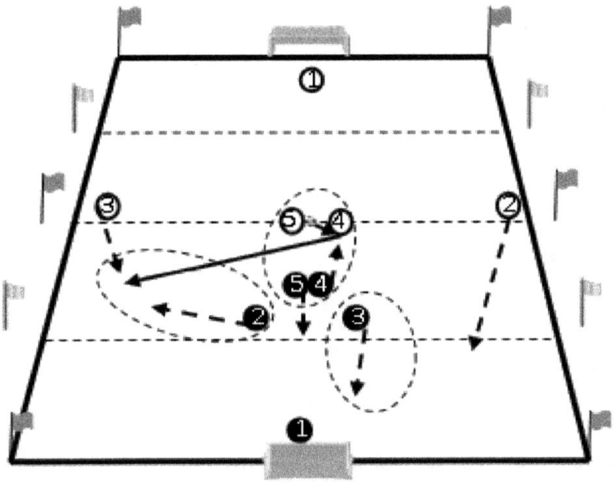

图3-69　开球1-2-2防守战术练习

③开球1-1-2-1防守战术练习（图3-70）

- 目的：提高开球1-2-1防守战术能力。
- 方法：学生4人一组，菱形站位。❺作为第一防守人负责封堵射门和对球紧逼、施压；❸和❹负责保护两个边路空当和盯防边路进攻队员；❷保护一二线身后空当。
- 指导要点：A. 区域防守站位；B. 对球紧逼；C. 球一旦发出，回撤保护球门；D. 防守轮转换位；E. 快速由守转攻。

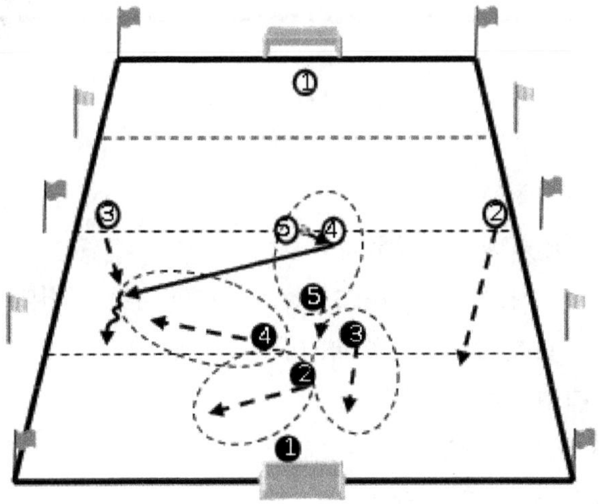

图3-70　开球1-1-2-1防守战术练习

（2）角球和界外球防守战术

①弧线形角球防守练习（图3-71）

- 目的：提高学生弧线角球防守战术能力。

• 方法：学生4人一组，按照弧线的形状选位。彼此间距2米。位置分工：❷第一防守人，负责封堵射或传向门前的球；❸第二防守人，封堵传球同时兼顾前点防守；❹和❺负责门前中路区域防守。

• 指导要点：A. 区域防守站位；B. 人球兼顾；C. 回撤门前、预判第二落点与保护球门；D. 错位站、避免成一条直线；E. 快速由守转攻。

• 变化：增加进攻队员，左右两侧练习。

• 区域：半场区域。

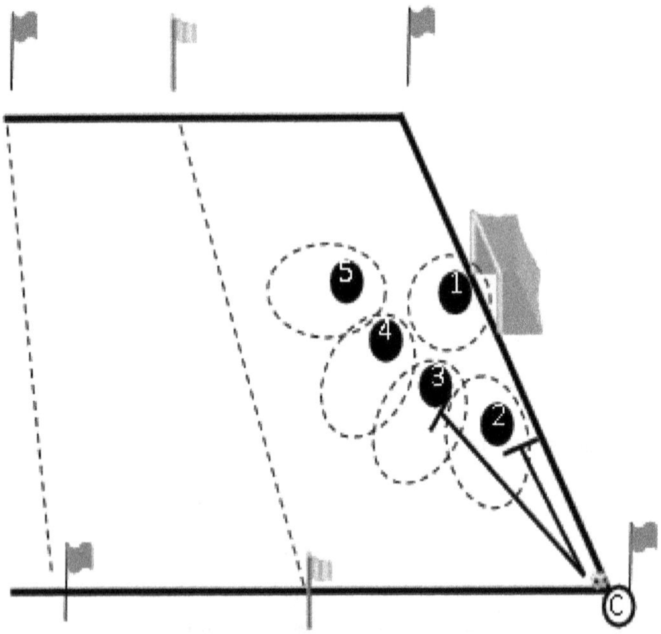

图3-71 弧线形角球防守练习

②壳形角球防守练习（图3-72）

• 目的：提高学生壳形角球防守战术能力。

• 方法：学生4人一组，按照2-2区域站位，保护在守门员的周围。彼此间距2米左右。位置分工：❷第一防守人，负责封堵射或传向门前的球；❹第二防守人，封堵传球同时兼顾前点防守；❸和❺负责门前中路和后点区域防守。

• 指导要点：A. 区域防守站位；B. 人球兼顾；C. 回撤门前、预判第二落点与保护球门；D. 相互前后错位站、避免重叠；E. 快速由守转攻。

• 变化：增加进攻队员，左右两侧练习。

• 区域：半场区域。

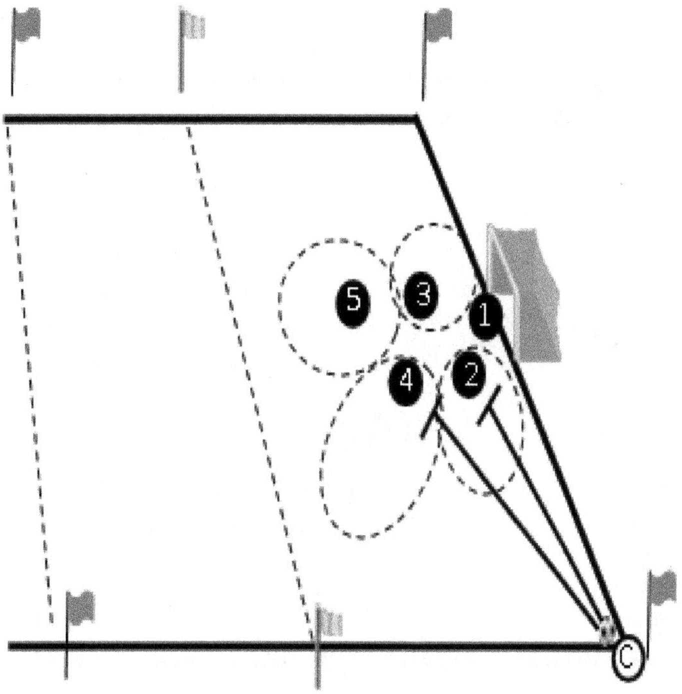

图3-72　壳形角球防守练习

（3）任意球防守战术

①前场任意球防守练习（图3-73）

● 目的：提高踢任意球技术战术能力。

● 方法：防守方4人分别在球线后、攻方进攻人内线选位，球一旦踢出，所有队员必须回撤到球门前方保护落位。位置分工：❷和❸落位在禁区中路附近；❹和❺落位在球门柱延长线上；4人对守门员形成圆圈形的保护队形。

● 指导要点：A. 区域防守站位，人球兼顾；B. 回撤角度、位置；C. 二点球的控制与争夺；D. 快速由守转攻。

● 变化：变化区域和球的位置。

● 区域：半场区域。

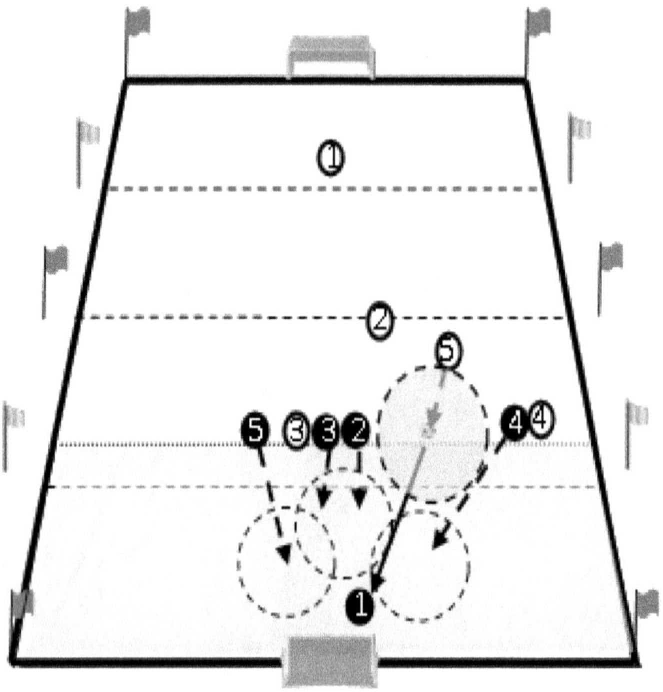

图3-73 前场任意球防守练习

②后场任意球防守练习（图3-74）

- 目的：提高踢任意球技术战术能力。

- 方法：防守方4人分别在球与两个底角形成的三角区域外选位，同时在进攻人的内线选位，球一旦踢出，所有队员必须回撤到球门前中路保护落位。位置分工：❹和❺落位在禁区中路附近；❷和❸落位在球门柱延长线上；四人对守门员形成圆圈形的保护队形。

- 指导要点：A. 区域防守站位，人球兼顾；B. 回撤角度、位置；C. 二点球的控制与争夺；D. 快速由守转攻。

- 变化：变化区域和球的位置。

- 区域：半场区域。

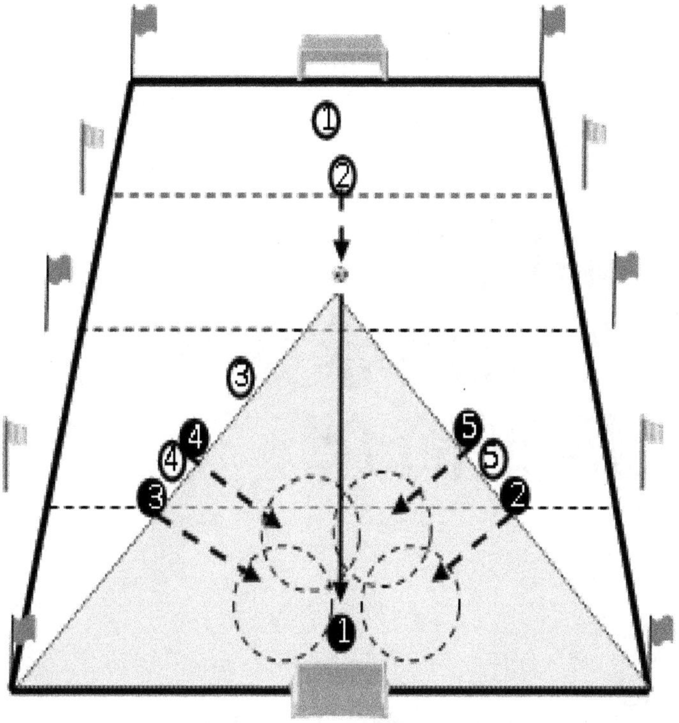

图3-74　后场任意球防守练习

第四章 沙滩足球竞赛规则简介

第一节 场 地

一、场地表面

场地表面必须由沙子构成，平整且没有石头、贝壳和任何其他可能伤及队员的物体。

对于国际比赛，沙子必须是细颗粒，且至少40厘米深。沙子必须经过筛选，直到没有粗块，没有石头和危险的物体后才能使用。但沙子不能太细以致粘在身上。

二、尺 寸

比赛场地必须是长方形，边线的长度必须长于球门线的长度。

长度：35~37米

宽度：26~28米

三、场地标记

比赛场地用线标明，这些线作为场地内各个区域的边界线应包含在各个区域内。

两条较长的边界线叫边线，两条较短的边界线叫球门线（球门柱之间没有线）。所有线的宽度是8~10厘米，由蓝色胶带制成，以便与沙子明显区分。胶带应有弹性且坚固，不会伤及运动员的脚。这些线用特殊的角落连接物和沙锚固定在沙场的每个角及中线上，用橡皮圈固定在球门柱上。

场地由场外两面旗子标出的假想中线分为两个半场。

发球的位置在假想线的中点。

四、罚球区

罚球区在场地的两端，每边两个黄色的旗杆之间有假想的连线，平行于球门线并在场内距球门线9米与边线相连。

以罚球区线上与两球门柱等距处即中点作为假想的罚球点。

五、旗　杆

在场地四周设置不低于1. 5米的平顶旗杆，上系小旗一面，它们应由软的，耐久性强的防水塑料制成（图4–1）。

4个黄色的旗杆，标志着每边场地的罚球区，在场地的每个角上放置一个红旗杆，另外两个红旗杆分别置于两条边线上，标志着假想的中线。

除了角旗杆，其余的旗杆都应固定在距边线1~1.5米的场外。

六、替补区域

替补区域是边线外供运动员离场及上场的区域。

替补区域在计时员桌前，中线左右各2. 5米处。球队的座席设置在边线后，且必须保持替补区域的空旷。

七、球　门

球门必须放置在每条球门线中央，它们由两根距角旗杆等距离的垂直的门柱和连接其顶部的水平的横木组成。

两根门柱之间的距离（内测量）5.5米，从横木下沿至地面的距离2.2米。

两根球门柱和横木具有10~20厘米且相同的宽度和厚度，且颜色要与沙地有明显区别（图4–1）。

球网由麻、黄麻或尼龙制成，在球门后面与门柱和横木相连。

为了安全，立柱下部用固定盘固定在沙下。用钩子或塑料包裹的铁链将一根横木或塑料链的两端与两根长1.5米的放置于沙地表面的棒子连接起来，这个横木同样需要固定在沙上。

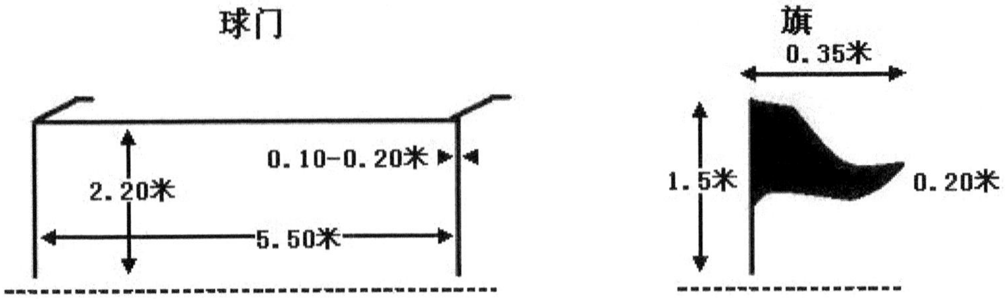

图4-1 球门与角旗图

八、安 全

在场地周围设置1~2米的周边安全区（图4-2）。

球门可以是可移动的，但它们在比赛中必须被安全的固定在地面上。

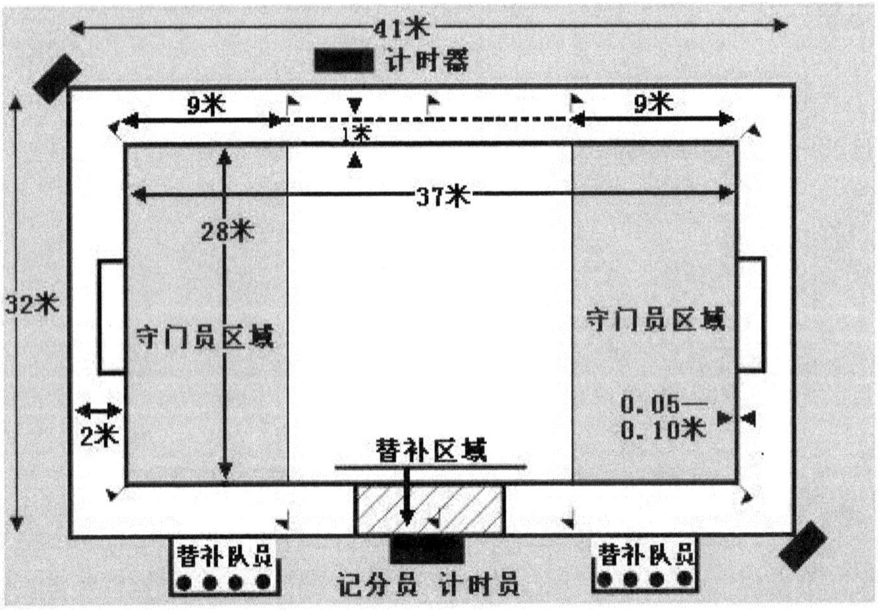

图4-2 球场安全区图

第二节 球

一、质量与测量

球是圆形；用皮革或其他适当的、耐磨、定型、防水的材料制成；周长不大于70厘米，不小于68厘米；重量在比赛开始时不超过440克，不少于400克；压力等于0.4~0.6个海平面大气压。

二、坏球的更换

（一）如果球在比赛过程中破裂或损坏

- 停止比赛。
- 比赛重新开始（根据规则第8节）。

（二）如果球在开球，球门球、角球、任意球、点球或界外球等成死球

- 破裂或损坏比赛根据规则重新开始。

第三节　队员人数

一、队员

一场比赛应有两队参加，每队上场队员不得多于5名，其中必须有一名守门员。

二、替补程序

在根据国际足球联合会、各大洲足协和国家协会级别的比赛规则进行的正式比赛中，可以换人。

最多有5名替补队员。

可以在任何时候替补队员，无论是在比赛进行中还是在死球时，必须遵守以下规定。

- 替补队员进场时必须将被替补队员的号码牌举过头。
- 被替补队员通过替换区域离场。
- 替补队员须等到替补队员完全走出边线之后方可同样通过替换区域上场。
- 裁判员有权决定是否允许替补队员上场比赛。
- 当替补队员将被替补队员的号码牌交给被替补队员，并进入场地，即完成了替补程序，此时替补队员成为场上队员。

在替换队员时，比赛时间不会停止。

三、更换守门员

守门员可在任何时间被替补他的队员更换；在替换过程中，比赛时间不会停止。此时，守门员被认为是场上队员，直到他的替补完全进入场地，完成替补程序。

任何场上队员都可与守门员互换位置，只要：（1）互换位置前通知裁判员；（2）此队

员必须穿上守门员服。

四、违规/判罚

除受伤情况中规定的情况以外，当替换队员时，替补队员在被替补队员完全离场前进入场地，被替补队员没有从替补区域离场或者违反了替补程序。

- 比赛停止。
- 对该队员予以警告并出示黄牌，令其出场完成换人程序。
- 在中线的中点，由对方踢直接任意球恢复比赛。如果球已出界，则按竞赛规则重新开始比赛。

如果同一名队员再次违反替补程序，裁判员应用同样的程序。该队员将因累积两张黄牌被罚令出场。但由于换人程序没有完成，该球队应继续以违规前的队员人数继续比赛。比赛的重新开始按上点中的规定处理。

第四节　队员装备

一、安全性

队员不得使用或佩戴可能危及自己和其他队员的装备或任何物品，包括各种珠宝饰物。

二、基本装备

队员必须的基本装备是：（1）运动上衣——如穿内衣，袖子的颜色必须与上衣的主色一致。（2）短裤——如穿紧身裤，必须与短裤的主色同一颜色；（3）队员可以带护踝和/或裹脚绷带，不允许穿足球鞋；（4）运动上衣号码的颜色应明显区别于球衣颜色；（5）国际比赛，在上衣或短裤正面也应该印有小号码。

三、守门员

- 守门员可以穿长裤。
- 每名守门员的服装颜色必须有别于其他队员和裁判员。

四、违规/判罚

如有任何违反此项规则的行为：

- 违规队员被令离场整理或配齐有关的必须装备，如果其未被替补，只有在裁判员（包括第三裁判员）检查符合规定后，裁判员和第二裁判员才能允许其进入场地。

五、恢复比赛

如果裁判员停止比赛，警告违规运动员。

●犯规运动员所在球队的对手从假想中线的中点罚直接任意球恢复比赛。

第五节　裁判员和第二裁判员

一、裁判员的权力

每场比赛由两名裁判员控制（第一和第二），他们从进入比赛场地时开始到离开比赛场地为止拥有执行与比赛有关的竞赛规则的全部权力。

二、权限与职责

● 执行竞赛规则。

● 当一个队员犯规而根据“有利”条款能获利时，则允许比赛继续进行，如果预期的“有利”在那一时刻没有接着发生，则判罚最初的犯规。

● 记录比赛成绩，并将赛前、赛中或赛后向队员和球队官员进行的纪律处罚，及其他事件的情况用比赛报告提交有关部门。

● 在无计时员和第三裁判时记录比赛时间。

● 在出现违反规则或外界干扰情况时停止、推迟、终止比赛。

● 向可以被警告和罚令出场的队员进行处罚。

● 将违反比赛规则或干扰赛场纪律的球队官员罚令出场，但不出示红牌。

● 确保未经批准的人不得进入比赛场地。

● 对运动员故意延误时间的行为进行制止。

● 如果认为队员受伤严重，则停止比赛，并确保将其移出比赛场地。

● 如果他们认为队员只是轻微受伤，则允许比赛继续进行直到形成死球。

● 点球和任意球裁判员必须鸣哨恢复比赛。

● 确保比赛用球符合规则第二节的要求。

三、裁判员的决定

裁判员根据与比赛相关的事实所做出的决定是最终决定。

裁判员和第二裁判员只能在发现自己犯错或认为需要改判时改判。而且，改判须在比赛继续进行之前或比赛终场前进行。

第六节　计时员和第三裁判员

一、职　责

比赛时应委派一名计时员和一名第三裁判员。他们坐在换人区同侧靠中线的场外。

计时员和第三裁判员应配备由比赛主管协会或俱乐部提供计时器。

二、计时员

（一）确保比赛时间符合规则第七节

1. 开球后开始计时（精密计时器）。

2. 当进球，罚球点球，直接任意球，或当裁判员认为有运动员受伤或有球队浪费时间时暂停计时。

3. 当裁判员发出停止计时信号时停止计时。

4. 在以开球、任意球、点球重新开始比赛或在裁判员给出停止比赛信号后又重新开始比赛时重新开始计时。

（二）当队员被罚出场时，负责罚停2分钟的计时。

（三）以不同于裁判员的哨声或其他声音信号，示意每节结束时间，比赛结束时间和加时赛结束时间。

（四）通知裁判员在三分钟休息时间后，重新开始第二节和第三节的准确时间。如果出现加时赛，同样通知加时赛开始时间。

三、第三裁判员

第三裁判员在以下方面对其他裁判员和计时员给予协助。

- 记录比赛停止时间及其原因。
- 在不符合有利原则的情况下时，用不同于裁判员的哨声和其他声音提示替补程序中出现的违规，确保替补程序正确完成。
- 记录进球队员的号码和进球时间。
- 记录被警告和被罚令出场队员的号码和名字。
- 提供与比赛有关的任何其他情况。
- 监控管理坐在替补席上的替补队员的行为。

● 以书面的形式通知球队当一名队员被罚令出场后替补运动员上场的准确时间。

● 如果其他裁判员出现受伤情况，第三裁判员可以替换裁判员和第二裁判员，履行第二裁判员的职责。

第七节　比赛时间

一、比赛时间

（一）比赛分三节，每节12分钟有效时间，时间由计时员管理。他的职责在规则第六节中规定。

（二）比赛的进行和停止应按照规则第六节中所述的情况进行

1. 当进球得分时。

2. 当罚点球或获得直接任意球时。

3. 当裁判发出停止比赛信号时。

4. 当裁判员给出信号认为队员受伤或有队员拖延时间时。

5. 每节的比赛时间可以延长到罚完点球或罚完直接任意球。

（三）比赛在下列情况下结束

1. 当球直接飞向球门并得分。

2. 球出界。

3. 球触及守方守门员或门柱、横木或地面后越过球门线，此球有效。

4. 发球后，在没有犯规的情况下，球触及除守方守门员以外的其他队员，需要以点球或任意球重新开球。

5. 球被守方守门员，球门柱、横木挡住，且没有越过球门线。

（四）计时员决定每12分钟一回合的比赛结束时间。

（五）听到哨声或喇叭声时，裁判员正式宣布每一回合比赛结束。计时员确定比赛结束后任何其他行为将视为无效。如果球已被踢出，裁判员应该等球产生结果后再结束比赛。

二、两回合比赛之间的时间间隔

每回合比赛之间时间间隔应为3分钟。

三、加时赛

如果比赛常规时间以平局结束，将进行3分钟的加时赛。如果加时赛后仍是平局，则根据规则的规定采用罚球点球决胜。

第八节 比赛开始和重新开始

一、预 备

● 通过掷币决定球队选择场地或开球开始比赛，猜中的队可以决定第一回合的进攻方向，也可选择开球开始比赛。

● 第二回合两队交换赛场，由第一回合中没有开球的一方开球开始比赛。

● 通过掷币，决定哪支球队在最后一回合选择场地或开球开始比赛。

● 如果比赛进行到加时赛阶段，双方交换场地，由没有在第三回合比赛中开球的一方开球开始比赛。

二、开 球

（一）开球是比赛开始和重新开始的一种方法

1. 在比赛开始时。
2. 在进球得分后。
3. 在第二回合和第三回比赛开始时。
4. 在加时赛比赛开始时。
5. 开球不可以直接射门得分。

（二）程 序

1. 所有队员在本方半场内。
2. 开球一方的对方队员应距球至少5米，直到比赛开始为止。
3. 球应放在中心假想标记上。
4. 裁判员发出开球信号。
5. 罚球队员必须使球移动。
6. 当球在空中运行，或者球向前移动时比赛即为进行，之后其他队员才能触球。
7. 开球队员在球未经其他队员触及前不得再次触球。
8. 某队进球得分后由另一方开球。

（三）违规/判罚

如果开球队员在其他队员触球前再次触球，由对方在中线的中点踢任意球。

出现其他违反开球程序的情况，则重新开球。

三、坠　球

（一）坠球是在比赛进行中或者在比赛立即暂停之前球没有越过边线或端线，因竞赛规则未提到的原因而需要暂停比赛之后，重新开始比赛的一种方法。

（二）程序

1. 其中一名裁判员在中心标记处坠球。

2. 当球触沙地比赛即为重新开始。

（三）违规/判罚

当出现以下情况时，重新坠球。

1. 如果球在接触沙地前被队员触及。

2. 如果球在接触地面后未经队员触及而离开比赛场地。

第九节　比赛进行及死球

一、比赛成死球

下列情况比赛成死球。

- 球的整体越出比赛场地，无论球是否落地。
- 当比赛已被裁判员停止时。

二、比赛进行

其他所有时间均为比赛进行中，包括：

- 球从球门柱、横木、角旗杆弹回场内。
- 球接触场内的任一名裁判员。
- 以正确的方式开球后，球在空中时。

第十节　计胜方法

一、进球得分

（一）当球的整体从球门柱间，以及横木下越过球门线，而且此球不是被攻方队员（包括守门员）用手掷入、带入或故意用手或臂挡进球门，且没有其他违反规则的行为，即为进球得分。

（二）守门员

1. 用手掷球不能直接得分，若守门员将球直接掷入对方球门，由对方发球门球恢复比赛。

2. 当球离开守门员的手后未触地之前，守门员在空中踢球不能得分。

3. 守门员将球放在地上，用脚控制球可以得分。

二、获胜队

- 在比赛中进球较多的队为胜者，如果两队进球数相等或均未进球，在常规比赛结束后要进行加时赛。
- 如果加时赛以平局结束，比赛将进入互罚球点球决胜负阶段，在相同射门次数情况下，进球多者一方获胜。
- 如果某一方由于纪律处罚被驱逐出场，剩下少于三名队员，比赛必须取消，主裁判将情况报告给相关权力机构。

第十一节　犯规与不正当行为

下列情况将被判罚为犯规或不正当行为。

一、直接任意球

（一）裁判员认为，如果队员草率地、鲁莽地或使用过分力量违反下列犯规的任何一种，将判给对方踢直接任意球

- 踢或企图踢对方队员。
- 绊摔或企图绊摔对方队员，无论是滑铲还是弯腰绊，也无论前后。
- 跳向对方队员。
- 冲撞（侵犯）对方队员。
- 打或企图打对方队员。
- 推对方队员。

（二）如果队员违反下列几种犯规中的任何一种，也判给对方踢直接任意球

- 拉扯对方队员。
- 向对方队员吐唾沫。
- 故意手球（不包括守门员在本方罚球区内）。

- 在对方半场内用腿控制球。
- 在对方半场的危险动作。
- 故意阻挡对方队员。
- 阻挡对方守门员从其手中发球。
- 抢球时先接触对手。

二、罚球点球

一名队员在本方罚球区内违反以上提到的任何一种犯规若在比赛进行中，则不考虑球的位置，判给对方踢球点球。

三、中线发球

下列情况下由对方在中心假想标记处踢直接任意球。

- 一方队员在本方罚球区内，在没有任何对方队员攻防的情况下控制球超过5秒。
- 在没有对方队员触球的情况下，守门员用手接同队队员的第二次回传球。
- 当球离开守门员的手后，接触地面之前，守门员在空中踢球。
- 守门员在本方罚球区用手控球后，又用脚将球踢出罚球区后再次将球带入本方罚球区用手触球。
- 在本方半场内故意用腿控制球被视为浪费时间。
- 在本方半场的危险动作。
- 在本方半场故意妨碍对方队员。
- 发生第11节未明确规定的犯规行为，停止比赛进行警告或罚下后。

四、纪律制裁

主裁判从进入场地开始，到终场后离开场地为止，有权对运动员进行纪律制裁。

五、可警告的犯规队员和替补队员

（一）如果队员违反下列犯规中的任何一种，将被警告并被出示黄牌

- 犯有非体育行为。
- 以语言或行为表示异议。
- 持续违反规则。
- 延误比赛重新开始。

- 当以角球、界外球、任意球、球门球重新开始比赛时，不退出规定的距离。
- 未经裁判员允许进入或重新进入比赛场地或违反换人程序。
- 未经裁判员允许故意离开场地。

（二）如果替补队员违反下列犯规中的任何一种，将被警告并被出示黄牌

- 犯有非体育行为。
- 以语言或行为表示异议。
- 延误比赛重新开始。

六、罚令出场的犯规

如果队员违反下列犯规中的任何一种，将被罚令出场并被出示红牌。

- 严重犯规。
- 暴力行为。
- 向任何人扔沙子。
- 向对方或其他任何人吐唾沫。
- 故意手球破坏对方的进球或明显的进球得分机会（不包括守门员在本方罚球区内）。
- 用可被判为任意球或罚球点球的犯规破坏对方向本方球移动着的明显进球得分机会。
- 使用无礼的、侮辱的或辱骂性的语言及动作。
- 在同一场比赛中得到两次黄牌警告。

第十二节　任意球

一、任意球

只有直接任意球，具体罚球方式如下。

- 任何情况下任何队员不能组建人墙。
- 被犯规队员若受伤不严重则由他本人罚任意球，若受伤严重，则由他的替补队员罚球。
- 罚任意球之前必须把球放稳，罚球队员罚出球后在其他队员触球前不能再次触球。
- 在每个回合或加时赛比赛的最后阶段必须罚完任意球才能结束比赛。
- 任意球直接射入本方球门，不算得分，由对方罚角球。
- 任意球可直接射入对方球门得分。

二、任意球的位置

（一）在对方半场罚任意球

如果在犯规方防守半场罚任意球，发球者和防守方守门员以外的队员必须位于下列位置。

● 比赛场地内。

● 距球至少5米直到比赛开始。

● 防守方队员在球的旁边或球的后边。

（二）在己方半场罚任意球

如果在犯规方进攻半场罚任意球，除了罚球队员，防守方守门员和其他的队员必须位于下列位置。

● 在比赛场地内。

● 距球至少5米直到比赛开始，不能位于球和角球区门之间的区域，但守方守门员可位于其本方罚球区内。

三、程　序

● 踢球者可以用脚或球做一个小沙堆，来提高球的位置。

● 裁判员鸣哨后，任意球必须在5秒内踢出。

● 在其他队员触球前罚球队员不得再触球。

● 球被踢并移动时视为比赛开始。

● 球可以踢向任何方向，并传给己方任何队员（包括守门员）。

● 当球被踢向发球地点与球门之的区域内时，在球触及地面、守方守门员、任何门柱和横木之前，队员不能踢球。

四、违规/判罚

（一）如果攻方一名队员违反规则第12节

由对方在中线中点处发直接任意球。

（二）如果守方队员违反规则

● 如果球进门则不重踢。

● 如果球没进，由对方在犯规发生地点踢任意球。如果犯规地点在其本方罚球区内，则由对方踢球点球。

第十三节　罚球点球

一、罚球点球

- 当比赛进行中，一个队在本方罚球区内由于违反了可判为直接任意球的犯规而被判罚的任意球，应执行罚球点球。
- 罚球点球可以直接进球得分。
- 在每半场比赛或加时赛结束时，应允许延长时间执行完罚球点球。

二、球和队员位置

（一）球

球放定在罚球区线中点（距两球门柱连线中点9米）。

（二）主罚球点球的队员

- 需明确指明。
- 如果被犯规的队员伤势不严重，则由他本人罚，若伤势严重，则由他的替补队员罚球点球。

（三）守方守门员

停留在本方球门柱间的球门线上，面对主罚队员，允许横向移动，直至球被踢出。

（四）除主罚队员外的队员应处于

- 比赛场地内。
- 罚球区外。
- 在球的后边或球的旁边。
- 距罚球点至少5米。

三、裁判员

- 应在队员处于规定的位置后发出执行罚球点球信号。
- 对罚球点球是否完成做出决定。

四、第二裁判员

- 保证守方守门员遵守规则第13节的规定。
- 判断球是否进门。

五、程　序

- 主罚队员向前踢出球点球。
- 在其他队员触球前主罚队员不得再次触球。
- 当球踢出并向前移动时比赛即为进行。
- 在比赛进行当中，以及在上半场或全部比赛结束而延长时间执行或重新执行罚球点球时，如果球在越过球门柱间和横木下之前，该球触及任何一个或连续触及两个球门柱、横木、守门员，应判为得分。

六、违规/判罚

当裁判员发出罚球信号而球未发出时，发生以下情况之一

（一）如果罚球队员违反比赛规则

裁判员允许罚球继续。

- 如球进，则重罚。
- 如球未进，则主裁判停止比赛，对手在犯规发生地点罚直接任意球恢复比赛。

（二）如果守方守门员违反比赛规则

裁判员允许罚球继续。

- 如球进，则进球有效。
- 如球未进，则重罚。

（三）如果罚球队员的队友违反比赛规则

裁判员允许罚球继续。

- 如球进，则重罚。
- 如球未进，则主裁判停止比赛，对手在犯规发生地点罚直接任意球恢复比赛。

（四）如果守方守门员的队友违反比赛规则

裁判员允许罚球继续。

- 如球进，则进球有效。
- 如球未进，则重罚。

（五）如果守方和攻方各有一名队员违反比赛规则

应重罚。

（六）如果罚球队员与规则规定不符

对手在犯规地点罚直接任意球。

（七）如果点球罚出后

罚球队员在其他运动员触球前再次触球，对手在中线中点罚直接任意球。

（八）球踢出后击中某种物体

应重罚。

（九）如果球击中守门员、横木、门柱，然后击中某种物体

- 裁判员停止比赛。
- 根据第八节规定坠球恢复比赛。

（十）如果球罚出后，接触门柱、横木或守门员前爆炸或是漏气

应更换新球重罚。

（十一）如果球罚出并接触门柱、横木或守门员后爆炸或是漏气

如果球进，则进球有效。
如果球未进，则比赛停止，根据第八节规定坠球恢复比赛。

第十四节　界外球

一、界外球

界外球是重新开始比赛的一种方法。任何队员包括守门员，均可以执行界外球。界外球不能直接得分。

（一）如果界外球直接进入球门并越过球门线，之前没有触及任何队员

- 如果球踢进本方球门，由对方罚角球。
- 如果球踢进对方球门，由对方发球门球。

（二）界外球有以下情况

当球的整体越过边线时，无论落地与否；在出界地点发球；判给最后触球队员的对方。

二、界外球的种类及其程序

（一）脚发界外球

1. 守方队员

至少距发球地点5米。

2. 球

- 必须在场地外放稳。
- 可踢向场地内任何方向。
- 当球被踢或触及后比赛即为开始。

3. 踢界外球的队员

- 当踢球时一脚应站在场外的地面上。
- 球放稳后5秒之内将球发出。
- 发出球后在其他队员触球前不得再次触球。
- 当把球建起准备掷界外球时，就不能再放在地上准备踢。

（二）掷界外球

1. 守方队员

至少距发球地点5米。

2. 掷界外球的队员在掷球时

- 面对场地。
- 双脚站在场外的地面上。
- 用两只手。
- 从头后经头上将球掷出。
- 在球出界的地点发出。
- 5秒内将球发出。
- 在球触及其他队员之前该罚球队员不得再次触球。

- 队员准备踢界外球时不得再用手掷界外球。

三、违规/判罚

（一）以下情况将判给对方直接任意球

执行界外球的队员在其他任何队员触球前再次触球，由对方在中心标记处发直接任意球。

（二）以下情况由对方重新执行界外球

- 错误的执行界外球。
- 没有在球出界的地方发界外球。
- 5秒内未能发出界外球。
- 其他违反规则第14节的行为。

第十五节　球门球

球门球是重新开始比赛的一种方法。

球门球不可以直接得分。如球门球直接进入对方球门，由对方发球门球。

一、以下情况判为球门球

球的整体在攻方队员接触后越过球门线，无论是否落地；并且不符合第十节中得分的条件。

二、程序

- 守方守门员可在其罚球区内任何地点掷球门球。
- 守门员在其他队员碰球前不可再次触球。
- 球离开守门员手后比赛即为开始。
- 一旦守门员用手控制球，他应在5秒内将球发出。

三、违规/判罚

（一）以下情况将由对方在中心标记处发直接任意球：

- 守门员没有在5秒内发出球门球。
- 守门员用脚发球门球。
- 守门员在本方罚球区外用脚踢球后进入本方罚球区再次用手触球。

（二）如果球门球发出后未触及任何队员而直接进入对方球门，此球无效，由对方发球门球。

（三）如果进门前触及到任何队员，此球有效。

（四）如果球门球直接进入本方球门，此球无效，由对方罚角球。

第十六节　回传球规则

一、回传守门员

没有对方队员触球的情况下，一方队员连续两次以头球、界外球或用脚踢传给同队守门员，守门员不得用手或胳膊触球。

如果队员第一次将球传给同队守门员，裁判员应将手举过头顶示意第一次回传球，直到球被对方队员触及。

二、违规/判罚

以下情况由对方在中线罚任意球。

- 比赛进行后，守门员用手触及本方队员第二次传球（对方队员没有触到球）。
- 任何规则第十六节提到的犯规。

第十七节　角球

一、角　球

角球是重新开始比赛的一种方法。

角球可以直接攻入对方球门得分。

以下情况判为角球：球的整体根据规则第十节从空中或地面出端线，根据规则第十节不算进球得分，并且最后触球队员是守方队员。

二、程　序

- 将球放在离球出界处最近的角旗杆的想象中的半径1米的角球弧内。
- 发球者可以用球或脚做一个小沙堆来提高球的位置。
- 对方队员距球至少5米直到球被发出。

- 球被攻方队员踢出。
- 当球被踢出或被触及比赛即为开始。
- 罚球队员在其他队员触球前不得再次触球。
- 当球摆好后5秒之内必须发出角球。

三、违规/判罚

● 由对方队员发直接任意球：罚球队员在其他队员触球前再次触球，由对方队员在中线中点发直接任意球。

● 由对方守门员重新开始比赛：当球摆好后罚球队员在5秒内未发出角球。

● 如果罚角球一方直接将球踢进本方球门（球没有触及任何队员），此球无效，由对方罚角球。

● 如果角球发出触及其他队员后进入本方门球，此球有效。

● 对于任何其他犯规：重新发球。